교수가 들려주고 싶은 이야기

젊은이들에게
교수가 들려주고 싶은 이야기

초판 인쇄 | 2020년 2월 25일
초판 발행 | 2020년 3월 2일

지은이 | 이만수 이덕봉 유양근 외 공저
펴낸이 | 이동주
펴낸곳 | 조은글터
등 록 | 제301-2011-148호(2002. 3. 25.)
주 소 | 서울시 중구 초동 1-3번지 한도빌딩 403호
전 화 | 02-2269-1481
팩 스 | 0505-390-1417

ISBN 979-11-89656-08-9 93020

정가 15,000원

- 이 도서의 무단 전재 및 복제를 금합니다.
- 이 도서의 국립중앙도서관 출판예정도서목록(CIP)은 서지정보유통지원시스템 홈페이지 (http://seoji.nl.go.kr)와 국가자료종합목록 구축시스템(http://kolis-net.nl.go.kr)에서 이용하실 수 있습니다. (CIP제어번호: CIP2020008042)

교수가 들려주고 싶은 이야기

— 젊은이들에게

이만수
이덕봉
유양근
외 공저

조은글터

책을 내면서

이 책은 여러 분야의 전 현직 교수 15명이 학생, 대학생 등 젊은이들에게 들려주고 싶은 이야기를 다양한 전공별 학문의 시각과 오랜 교수 생활에서 얻은 식견에 따라 엮은 37편의 이야기입니다.

집필한 교수들의 연령과 경력, 경험의 정도가 달라, 글의 주제와 내용면에서 하나의 통일성, 일관성을 유지한 것이라 말할 수 없으며, 분량도 저자에 따라 약간의 차이가 있습니다.

편집도 어떤 주제를 미리 정하여 준 것이 아니라 자율적으로 집필하였기 때문에 글을 다 모아 저자별 가나다 순으로 정하였습니다.

교수의 사명은 교육과 연구, 사회봉사 입니다. 교수는 각자가 전공한 분야를 꾸준히 연구하여 학생들에게 새로운 정보를 제공하고 교육하여 학생 스스로 삶을 살아갈 수 있도록 도와주는 일을 합니다.

그리고 갖고 있는 역량을 지역 사회나 국가에 봉사하는 사명도 있습니다. 교수는 학식과 교양을 겸비한 교육자입니다. 사회의 지도자로서 역할을 합니다. 바람직한 사회 변화를 주도 합니다. 젊은이들에게 내일의 변화에 능동적으로 대처할 수 있는 역량을 길러 줍니다.

    이 글은 박사인 전 현직 교수들이 각자의 전공과 오랜 교수 생활에서 얻은 식견에 따라 젊은이들에게 하고 싶은 이야기를 썼습니다. 또한 글 중에는 작품을 평한 글과 순수 수필적인 글도 있습니다.

    이 글에는 새겨들을 내용이 많아, 읽고 난 후 자기 관리에 도움이 될 뿐 아니라 멘토의 기능도 있을 것입니다.

    이 책이 학생과 대학생 등 많은 젊은이들에게 읽혀지기를 바라는 마음입니다. 어려운 여건임에도 불구하고 이 글을 쓴 교수들에게 감사드립니다.

    끝으로 출판 환경이 어려움에도 불구하고 이 책을 출간하게 해 주신 조은글터 이동주 사장님과 관계자 여러분들에게 감사를 드립니다.

2020년 3월 2일

저자 일동

차례

책을 내면서

강경호   건강할 때 건강 지키자 _ 9
        오바마와 같은 꿈을 갖자 _ 12
        리더가 되고 싶거든 책을 읽어라 _ 15

김성렬   「겨울 나그네」, 「노인과 바다」의 공명 지점 _ 21

김영균   청년들에게 주는 글 _ 35
        블루베리 힐의 사랑 _ 41

노동조   몰입해서 보면 보인다 _ 47
        생각 많은 개 _ 51

방인태   첫 키스 _ 55
        글이 무섭다 _ 59
        그는 작가인가 _ 63

신헌재   세대 간의 대화 부재가 낳은 비극 _ 69
        스승의 날을 생각하며 _ 72

유양근   후회 없는 삶 _ 77
        4차 산업시대의 변화와 대응 전략 _ 81
        바둑 대국에서 얻는 인생의 교훈 _ 85

윤인현   내가 갖고 놀던 장난감 _ 93
        나도 호더인가? _ 98

이덕봉	82년생 김지영 이야기 _ 103 언어를 비우는 치유법 _ 113
이만수	젊은이에게 들려주고 싶은 이야기 _ 123 행복한 생각이 행복한 삶을 만든다 _ 126 나를 멋진 명품으로 만들자 _ 130 책만 읽는 바보가 되자 _ 133
이병찬	제2의 인생 _ 139 우리 사회와 전통문화의 현주소 _ 144
이지나	나의 유학 생활 _ 149 꿈을 꾸는 젊은이가 되자 _ 153 희망을 노래하자 _ 157
이지연	유머 있는 생활을 하자 _ 163 자기개발에 힘쓰자 _ 166 나는 여성과학자다 _ 169
장인호	후배들에게 고(誥) 합니다 _ 173 그리운 아버지 _ 176 독서논술 _ 179
정동준	어떤 오후 _ 183 어떤 하루 _ 187

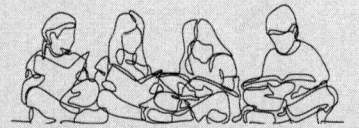

강경호 전 서울교육대학교 교수, 문학 박사

건강할 때 건강 지키자

건강하면 보통 육체적인 건강과 정신적 건강으로 나누어 생각한다. 둘 다 중요하지만 내가 이번에 젊은이들에게 말하고자 하는 건강은 육체적 건강이다.

우리의 삶에 있어서 건강이 제일 중요하다. 선각자들은 모두 건강이 중요하다고 주장한다. 이런 말이 있지 않은가?

"돈을 잃는 것은 적은 부분을 잃는 것이고, 명예를 잃는 것은 인생의 많은 부분을 잃는 것이다. 하지만 건강을 잃는 것은 인생의 전부를 잃는 것이다."라고 하는 말이다.

돈이야 잃으면 또 벌면 되고, 한 번 잃은 명예도 어려움이 있을지라도 열심히 노력해서 재평가를 받으면 다시 회복할 수 있지만, 건강은 한번 해치면 다시 회복하기가 매우 어렵다. 또 건강은 건강할 때 지켜야 한다는 것이다. 모두 건강의 중요성을 강조하고 있는 말들이다.

젊어서부터 건강할 때 건강을 지키며 살자. 매일 할 수 있는 건강 방법을 생각해 본다. 규칙적인 운동이다. 운동은 다양한 방법으로 할 수 있으나 내 경험으로는 평생할 수 있는 운동이 걷기 운동이다.

걷기는 시간만 조금 투자하면 얼마든지 지속적으로 할 수 있다. 걷기는 젊어서부터 노년에 이르기까지 평생할 수 있는 운동이다.

걷기의 최대 장점은 시간과 장소에 구애받지 않는 것이다. 운동도 때가 있다. 공복 상태이거나 식사한지 얼마 지나지 않았을 때는 오히려 건강에 악영향을 줄 수 있다. 공복 상태로 산책에 나서면 혈당이 쉽게 떨어지고 그리고 밥을 먹자마자 산책에 나서면 소화기관에 무리를 주기도 한다. 그러므로 걷기는 식후 1시간 정도 지난 후에 하는 것이 건강에 좋다.

걷기 운동은 여러 가지 장점이 있다. 스트레스를 풀게 하고 기분이 좋아져요. 몸의 긴장을 풀고 가볍게 걷다 보면 복잡한 생각이 정리되고, 스트레스도 자연스럽게 풀리게 한다. 특히 야외에서 햇볕을 쬐며 30분 이상 걷게 되면, 세로토닌[1] 분비가 늘어나 우울감이 개선되고 기분이 좋아진다. 그리고 심폐 기능이 좋아진다. 자주 걸으면 혈액순환이 촉진되고 고지혈증이 개선되어, 심혈관 질환의 예방과 개선에 도움이 된다.

꾸준한 걷기를 하면 고혈압 환자의 혈압이 떨어질 수 있고 걷기를 정기적으로 꾸준히 한 사람들이 그렇지 않은 사람들에 비해 심혈관 질환 발생률이 현저히 낮아진다고 한다. 또한 혈당을 안정화할 수 있다.

미국 당뇨병 학회에 의하면 꾸준한 걷기에 의해 혈당이 떨어지고, 당뇨 전 단계에 있는 사람이 당뇨병에 걸릴 위험을 전반적으로 낮출 수 있다고 한다. 이미 당뇨가 있는 사람이라도 꾸준히 걷기 운동을 하면, 근육에서 당분 소모가 많아지고 혈액 속에 있는 당이 근육으로 원활히 흡수되는 등 혈당 안정화에 효과적이라고 했다.

또한 뼈와 근육을 강화할 수 있다. 걷기 운동을 하면 거의 모든 뼈와 근육을 사용하기 때문에, 근육들이 단련되어 근성장과 근력 향상의 효과가 있다. 그리고 음식을 골고루 먹어야 한다. 고기와 비타민이 풍부한 야채 등 영양소가 고루 들어 있는 음식이 좋다. 나이가 들수록 단백질이 많은 고기를 권하고 싶다. 생선도 권한다.

의학의 아버지 히포크라테스는 음식으로 고치지 못한 병은 의사도 못 고친 다라고 했듯이 음식은 건강 유지에 좋다는 말이다.

일본의 어느 학자는 알로에를 가리켜 '정원 속에 약방이요 화분 속에 의사다'라고 했다고 한다.

즐거운 마음으로 먹자. 즐거운 마음은 소화액 분비에 도움이 된다.

식도락(食道樂)이란 말이 있다. 여러 가지 음식을 두루 맛보는 것을 즐거움으로 삼는 일을 말한다. 건강을 위하여 즐거운 마음으로 골고루 식사하기를 권한다.

우리의 삶에 있어서 건강이 제일 중요하다. 젊었을 때부터 건강을 지키자. 건강할 때 건강 지키자.

독서는 나의 힘 도서관은 나라의 힘

오바마와 같은 꿈을 갖자

　역사는 항상 꿈을 가지고 도전히는 자의 편에 서 있다. 현실 속에서 혹 그 꿈을 온전히 이루지 못할지라도 그에 대한 열망과 도전에 의해 모든 것이 발전되어 가는 것이다. 이것이 비전과 희망이라는 이름으로 사람들 마음속에 각인된 역사의 동력이다. 타고난 운명에 속절없이 순응하기를 거부하고 그 둥지를 뛰쳐나와 새로운 세계로 비상해 나간 위대한 개인들은 항상 신화를 창조한 주인공들이다. 그리고 이런 사람들에 의해서 역사는 발전한다고 할 수 있다.
　미국의 전 대통령 오바마는 임기를 마친 후 "사랑하는 미국을 위해 헌신할 수 있는 특권을 주어 진심으로 감사하다."고 하면서, 시카고 남부에 위치할 오바마 대통령 도서관과 박물관 설립을 위해 힘을 보태줄 것을 부탁했다. 영부인 미셸 오바마 여사는 "우리는 잠시 쉬러 가는 것 뿐"이라며 "여러분의 '아이디어', '희망' 그리고 '함께 성취할 수 있는 꿈'을 보내 달라"고 말했다.
　오바마는 학창 시절부터 꿈을 가진 젊은이였다. 그는 자서전 『담대한 희망』에서 "지금도 나는 어머니가 강조한 간단한 원칙, 즉 '네게 그렇게 하면

너는 어떨 것 같으냐?'를 정치 활동의 길잡이로 삼고 있다"고 밝혔다.

오바마의 어머니는 인도네시아에서 살 때 걸인이나 가난한 사람이 집에 구걸하러 오면 그냥 돌려보내는 법이 없었다. 음식이든 돈이든 나눠줄 수 있는 만큼 나눠 주었다. 또한 오바마는 "인종적 편견을 드러내거나 학교에서 다른 아이들을 괴롭히는 일 등은 철저히 멀리하라.", "남을 배려하는 마음을 가져야 한다."는 어머니의 말씀을 회상하였다고 한다.

오바마는 대학을 졸업한 후 지역사회 일에 투신하며 더불어 사는 삶을 살았다. 시카고에서 연봉 1만 3천 달러를 받으면서도 지역주민들을 위한 주택 개선사업과 교육사업에 몰두했다. 하버드대 로스쿨을 우등으로 졸업한 후에도 그는 높은 연봉을 받을 수 있는 법률회사로 가지 않고 시카고로 돌아가 유권자 운동을 펼쳤다. 그 결과 소수 인종과 저소득층 시민 10만 명을 유권자로 등록시키는 데 성공했다. 이런 풀뿌리 운동 경험은 그의 대통령 선거운동에서도 큰 도움이 되었다.

오바마의 어머니는 손에 항상 책이나 신문을 들고 있었고, 자녀에게도 문학작품을 비롯해 다양한 분야의 책을 많이 읽을 것을 권했다. 또 자녀와 토론하기를 즐겼다. 대학 때 그는 자신의 정체성을 고민하면서 한 달 동안 아프리카 관련 서적을 모두 섭렵했다. 자신의 열등감인 '흑백 문제'를 다양한 책을 읽으며 극복한 것이다. 이런 독서습관은 오바마에게 언어수준을 높이고, 감수성을 고취시켰다. 그가 하버드 로스쿨의 법률학술지 '하버드로 리뷰'의 첫 흑인 편집장이 될 수 있었던 것도 문학적·지적 내공이 있었기 때문이다. 오바마는 어머니의 말씀대로 책을 읽고 토론하는 분위기를 만들었다.

오바마의 어머니는 마틴 루터 킹의 연설문을 카세트로 들려주거나 그의 인생을 다룬 영화를 보여주곤 했다. 자신이 존경하는 인물을 소개해 아들의 역할모델을 찾아주려 한 것이다. 오바마는 링컨, 루스벨트, 케네디, 마틴 루터 킹 등 여러 지도자의 시대정신을 섭렵하면서 정치 리더십과 국민과의 소통방식을 익혀 결국 대통령이 되었다. '시카고 트리뷴[2]'은 "오바마는 미국을 빛낸 위인의 전기를 통해 통찰력과 영감을 얻었다."고 분석했다. 오바마는 미국 역대 대통령을 역할모델로 삼아 꾸준히 익히고 공부하여 성공하게 된 것이다.

오바마의 외조부모나 어머니는 그에게 케냐 인으로서의 자긍심을 심어줬다. 틈나는 대로 아버지가 속한 루오 족[3]과 케냐 초대 대통령인 조모 케냐타에 대한 것을 알려주었다. 오바마는 성인이 된 후 자신의 뿌리를 찾기 위해 케냐 여행을 떠난다. 그곳에서 자신의 선조들이 무엇을 위해 살았는지, 영국 식민지시대를 경험한 아버지와 할아버지의 고뇌를 이해한다. 그 후 오바마는 흑인 미국인으로 산다는 것이 어떤 의미이며, 그것이 자기에게 어떤 의무를 요구하는지 깨달았다. 그렇게 하였기 때문에 하버드 로스쿨을 졸업한 후에도 빈민들 곁에서 인권운동을 계속할 수 있었던 것이다. 어려운 환경에서도 언제나 자기 정체성을 잃지 않고 찾으려고 노력하였다.

오바마의 어머니는 다른 문명, 다른 인종의 사람들과 스스럼없이 어울렸다. 어머니의 성향을 고스란히 이어받은 오바마 역시 지역, 성별, 출신, 학력, 종교 등을 뛰어 넘어 다양한 친구를 두었다. 케냐 출신의 흑인 아버지와 미국 캔자스 출신의 백인 어머니, 인도네시아 출신의 양부 밑에서 자란 그의 다양성은 인종적문화적 차이를 녹여내는 '포용성'을 갖게 하였다. 그는 히스패닉계[4], 아시아계 등 미국 소수 민족 사람들과도 친구가 되었으며 이들을 요직에 기용하기도 했다.

다양성을 포용하는 오바마 식의 인간관계는 융합형 인간만이 맺을 수 있다. 오바마는 먼저 좋은 친구가 되어 꿈을 잃지 않고 미국 대통령으로서 성공하였다.

오바마와 같이 큰 꿈을 꾸자.

리더가 되고 싶거든 책을 읽어라

　책을 많이 읽어 훌륭하게 된 사람이 많다. 동양에도, 서양에도, 우리나라도 많다.
　어릴 때부터 백독백습을 실천한 세종임금, 동경구상으로 유명한 독서광 전 이병철 회장, 독서습관을 강조하는 빌 게이츠, 다독가 빌 클린튼 대통령, 신간을 다 읽는 독서광 리 콴유 수상, 다독가 나폴레옹, 독서로 인생이 바뀐 오프라 등이다.
　reader가 leader가 된다. 독서는 성공의 초석이다. 세종은 어릴 때부터 책을 많이 읽었다. 다독가이다. 단순히 많이 읽는 것으로 그치지 않았다. 어린 시절 세종의 독서법은 '백독백습' 즉, 백번 읽고 백번 쓴다는 것이었다. 신하에게도 「사가독서」라 하여 일정한 기간 동안 집에서 쉬면서 책을 읽도록 하는 휴가 제도를 만들기도 하였다.
　삼성그룹의 창업자 호암 이병철 회장은 생전에 연말이면 일본 동경서점으로 갔다. 회장님은 독서광이다. 그는 기업경영에 관한 책과 하이테크에 관한 책을 구입하여 읽었다. 이른 바 동경구상이라 하여 새로운 아이디어와 선진 외국의 기업정보를 획득하여 오늘날의 삼성반도체, 삼성전자 즉 삼성

그룹을 만들게 된 것이다.

세계 최고 부자인 빌 게이츠 회장은 "오늘날 내가 이렇게 된 것은 우리 마을 도서관이었다."라고 하였다. 그는 자기 마을의 자그마한 도서관에서 책을 읽으면서 꿈을 키워 오늘날 훌륭한 기업가가 된 것이다. 세계 최고의 재산가이기도 하고 많은 불우한 이웃을 돕는 자선 사업가이기도 하다. 그는 "하버드 대학 졸업장보다 독서하는 습관이 더 중요하다."고도 하였다. 컴퓨터와 독서에 빠진 그는 하버드 대학을 중퇴하고 컴퓨터 프로그램 연구에 몰두하였다. 그가 세계 최고의 부자가 되고, 지식기반 사회의 영웅이 된 것은 우연이 아니라 독서의 산물이라 할 수 있다.

빌 클린턴 전 미국 대통령은 "책이 자신의 인생에 미친 영향은 지대하다."며 대통령 재임 시절에는 연간 60-100권, 대통령 퇴임 이후엔 연간 200-300권의 책을 읽었다고 밝혔다.

싱가포르의 리콴유 전 수상은 청년시절 부두에 나가 새로 수입되는 신간 서적을 기다릴 정도로 독서광이었다고 한다. 그는 매일 도서관에서 밤을 새울 정도로 새로운 정보를 탐닉했다고 하니 오늘의 싱가포르는 그의 독서의 결과로 보아도 무리는 아니다.

나폴레옹은 52년 동안 8천권의 책을 읽었다고 한다. 그가 섭렵한 책의 범위는 역사, 지리, 여행기, 시, 희곡, 미술, 과학, 종교 등 동서고금을 총 망라한 것이었다. 그가 이집트 원정을 떠날 때 천권의 책을 배에 실었다고 하니 그의 독서습관을 짐작할 만하다. 그는 성서를 "단순한 책이 아니라 반대하는 모든 것을 정복하는 능력이 있는 생명체"라고 말하였다고 한다.

미국 토크쇼 진행자로 세계에서 가장 영향력 있는 여성인 오프라 윈프리는 "독서가 내 인생을 바꾸었다."고 거침없이 말한다. 어린 시절 자신의 삶을 바로 세우기 위해 얼마나 독서에 매진했든지 그녀의 전기 작가는 "오프라는 도서관 카드를 소유하는 것을 마치 미국 시민권을 얻는 것처럼 생각했다."고 기록하였다.

설교의 제왕으로 불리는 영국의 스펄전 목사의 서재에는 3만권의 책이 있었다고 한다. 그의 감동적인 설교는 성경과 책의 합작품이었다. 그는 『천로역정』을 백번이나 읽었다. 그는 독서법을 "철저하게 읽어라. 몸에 흠뻑 밸 때까지 그 안에서 찾아라. 읽고 또 읽고 되씹어서 소화해 버려라. 바로 여러분의 살이 되고 피가 되게 하라. 좋은 책은 여러 번 독파하고 주를 달고 분석해 놓아라."하고 소개하였다.

인류에 빛을 남긴 위대한 인물들은 다 독서광들이었다. '왔노라, 보았노라, 이겼노라'로 유명한 줄리어스 시저의 탁월한 문장력과 뛰어난 전략은 독서의 산물이었다. 에디슨의 발명품들도 실험의 결과만은 아니다. 오히려 도서관에서 살다시피 했던 그의 경력의 산물이었다. 베토벤이 청각장애를 극복하고 더 깊고 넓은 음악세계를 구축할 수 있었던 것은 책의 힘이었다.

리더가 되고 싶거든 많은 것을 알아야 한다. 많이 경험해야 한다. 직접경험은 좋으나 시간적, 경제적 제약이 따른다. 그러므로 간접경험이 필요하다. 독서를 통해서 간접경험을 늘릴 수 있다. 책 읽는 사람이 지도자가 된다.

독서! 마음의 부자가 되는 행복한 습관

📖 용어

1) 세로토닌 : 사람의 기분은 물론 수면, 식욕, 감정 등에 영향을 미치는 중요한 신경전달물질이다.
2) 시카고 트리뷴(Chicago Tribune) : 미국 시카고에서 발행되는 일간신문. 미국의 10대 신문 중 하나이며, 오랫동안 중서부 지방의 대변지 역할을 하였다.
3) 루오(Luo) 족 : 케냐에는 살고 있는 종족 중 하나(13%)
4) 히스패닉(Hispanic) 계 : 스페인어를 쓰는 중남미 출신의 백인과 그에 준하여 구분되는 혼혈인. 주로 미국에 거주하는 라틴아메리카 출신자들을 가리킨다.

독서의 생활화로 묻어나는 삶의 향기

위편삼절(韋編三絶)

한 책을 되풀이하여 숙독함의 비유로 쓰는 말이다

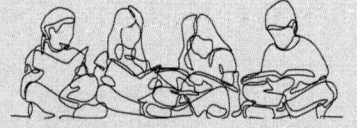

김성렬 전 대진대학교 교수, 문학 박사

「겨울 나그네」, 「노인과 바다」의 공명 지점

　슈베르트의 연가곡(連歌曲) 「겨울 나그네」와 헤밍웨이가 쓴 『노인과 바다』는 관련이 전혀 없어 보이지만 두 작품이 품고 있는 문제의식에서 공통적으로 사람들을 크게 울리는(共鳴) 지점이 있다. 엄밀하게는 「겨울 나그네」의 가사를 쓴 빌헬름 뮐러의 연작시 「겨울 나그네」와, 헤밍웨이의 「노인과 바다」가 공명하는 지점이라 해야겠다. 하나는 1827년에 슈베르트가 작곡한 가곡의 가사로 쓰인 시이고 하나는 1952년에 써서 1954년 헤밍웨이에게 노벨상 수상의 영예를 안겨 준 소설이다. 시대를 격한, 서로 다른 장르의 이 작품들에 어떤 공명점이 있을까? 요즘 하루가 멀다 하고 들려오는 자살들, 특히 젊음이 스스로 목숨을 끊는 세태를 보면서 이 글을 쓰고 싶어졌다. 두 개의 작품들을 각각 소개하고 이 작품들이 만나 그 감동이 더 증폭되는 공명 지점을 살피면 삶의 실존적 의미를 파악하는 데 도움을 얻을 수 있으리라 본다.

빌헬름 뮐러의 「겨울 나그네」

슈베르트의 연가곡 「겨울나그네」는 피아노 반주에 맞춘 남성 가수의 고 즈녁한 독창이 매력적인지라 단지 서정적 가곡으로 받아들이기 쉽다. 그러나 이 가곡의 가사를 보면 그런 선입관은 완전히 깨어진다. 이를 구체적으로 살펴보기 전에 시인 빌헬름 뮐러에 대해 잠시 알아보자. 뮐러는 1794년에 나서 1827년에 사망했으니 불과 서른 넷 가량을 살았던 요절 시인이다. 심근경색으로 사망했다 한다. 시인이자 문학비평가, 소설가였고 번역가, 학자, 도서관 사서 등 문자와 관련된 모든 방면에서 재능을 드러냈던 만큼 너무 지나친 열정이 그를 과로사로 몰았을지 모른다.[1] 그는 「겨울 나그네」를 썼지만 역시 슈베르트가 작곡한 「아름다운 물방앗간 아가씨」의 가사 제공자이기도 하다. 그는 자신의 시가 노래로 불러지기를 원했던 민요 시인이었고, 18세기말에 시작해 19세기 초까지 이어진 낭만주의 사조의[2] 영향을 많이 받은 시인이기도 하다.

뮐러가 1821년 쓰기 시작하여 1824년에 완성한 「겨울 나그네」는 스물네 편의 단시(短詩)로 이어진 연작시이다. 이 스물네 편은 일관된 구성을 가지고 쓰인 시는 아니다. 다시 말해 시간적 흐름도 일관되지 않고 담긴 내용도 엄밀한 하나의 스토리를 이루지 못 한 채 시인이 생각나는 대로 감정의 흐름을 따라 쓴 것이다. 낭만주의의 자유로운 정신에 따라 엄격한 구성에 얽매이지 않은 듯하고, 연작 소설이 아니라 연작시이기에 특히 그런 듯하다. 그러나 전체적으로 볼 때 연작 전편을 관통하는 스토리가 있으며 전하고자 한 메시지도 분명히 있다. 스토리는 단순히 요약하면 사랑하는 여인에게 사랑을 얻지 못하고 고향을 떠나 방황하는 젊음의 방랑이기이다. 낭만주의 문학의 특징인 여행기 형식을 띤 시이다. 그러나 그 방랑은 너무나 춥고 시리기에 과연 이 시가 그토록 서정적인 가곡의 대본인가를 의심케 한다.

연작의 첫 시편은 '잘 자요'(Gute Nacht)이다.[3]

> 이방인으로 왔다가
> 이방인으로 나는 다시 가네
> 한때 오월이 내게 왔었다
> 풍성한 꽃다발을 든 소녀
> 내게 사랑을 속삭였거니
> 어머니는 결혼조차 거론하였지
> 이제 세상은 어두워지고
> 길은 눈으로 덮였네

첫 시의 첫 연이다. 한 때 사랑했던 소녀와 헤어지게 된 단초를 밝히는 것으로 시는 열린다. 그리고 시가 진행되면 이 젊은이는 신분의 다름 때문에 헤어질 수밖에 없음이 드러난다. 두 번 째 시에서 "그들의 자식이 부유한 신부인데 그들(아마 소녀의 부모?)이 나의 고통에 대해 알기나 할까"라 쓴 데서 그런 사정을 알 수 있다. 그리하여 그는 소녀에게 '잘 자요'라고 혼자서 이별의 인사를 던지고 달빛을 동반자 삼아 눈 덮인 들판을 들짐승의 발자국을 따라 떠난다. "사랑은 방랑을 사랑하지/신이 사랑을 그렇게 만들었지"라는 첫 시의 다른 구절에서, 고달픈 방랑의 이유는 역시 낭만적 사랑에 따를 수밖에 없는 사랑의 부재/결핍 때문임이 드러난다. 실로 모든 사랑은 그것의 성패 여부를 불문하고 사람들로 하여금 방황할 수밖에 없게 하니 그의 겨울 여행은 하나의 알레고리라 할 만하다. 즉 '사랑은 방황/방랑이다'라는 명제가 이 시의 전제로 자리한 것이다.

「아름다운 물방앗간 아가씨」에서도 이러한 상황은 유사한데, 이 시의 주인공도 한 젊은이가 물방앗간에서 일하게 되고 그 주인집 아가씨를 사랑하게 되지만 아가씨가 다른 남자와 사랑에 빠지자 그 물방앗간을 떠나 방랑에 오르는 이야기이다.[4] 그러나 「물방앗간」의 젊은 주인공은 죽음으로 그의 삶을 맺지만 「겨울 나그네」는 그와 다른 결말로 끝난다.

「겨울 나그네」의 주인공은 눈물조차 얼어붙는 차가운 겨울 날씨에 눈 쌓인 강과 숲뿐인 겨울 들판을 걷는다. 두 눈에서 한 없이 흐르는 눈물이 눈 속으로 떨어지고 차가운 눈송이가 목마른 양 그의 고통을 빨아 들인다(6. 홍수 Wasserflut). 그의 두 발바닥은 얼음과 눈을 밟고 있는데도 타는 듯하고 죽음과 불운을 암시하는 까마귀는 끝없이 그를 따른다(8. 회상 Rückblick). 그런 중에 죽음의 유혹 혹은 환상을 암시하는 도깨비불이 그를 유혹한다(9.도깨비불 Irrlicht). 이처럼 비참한 현실 속에서 그는 휴식을 찾고 꿈을 꾼다. 그 꿈은 만개한 꽃들이 있는 푸른 초원 속에서 아름다운 소녀와 진실한 마음과 키스를 나누는 봄꿈(11. 봄꿈 Frühlingstraum), 또는 사랑을 위한 사랑의 꿈이다. 이런 사정이 전개되어 나가는 가운데 우리에게 너무도 익숙한 보리수(5. Der Lindenbaum)의 가사도 등장한다. "성문 앞 샘물 곁에 서있는 보리수. 나는 그 그늘 아래서 단꿈을 꾸었네." 보리수의 등장은 유럽인들도 좋아한 나무이긴 하지만 석가모니가 그 나무 아래서 득도했다고 하여 인도인들이 깨달음의 나무라 한 사실과 무관치 않을 것이다. 석가가 무엇을 깨달았단 말일까? 세상과 만물은 애초 텅 빈 것이니 모든 허상과 그에 대한 집착에서 벗어나라는 깨달음이었다. 그러나 그러한 깨달음을 실천하기는 쉽지 않다. 그리하여 겨울 나그네는 자신이 겪은 시련과 고생으로 하여 백발의 노인, 죽음에 가까운 존재 또는 삶을 달관한 존재가 된 줄 알았으나 자신은 그 여행 내내 백발이 되지 않았음을 발견한다(14.백발 Der greise Kopf).

잃어버린 사랑에 대한 안타까운 갈구, 현실의 혹독함, 그것을 초월하려는 욕망 속에서 고뇌하던 겨울 나그네는 그러나 시가 끝나가는 무렵에 이르면 오히려 역설적이게도 용기를 얻는다. 거의 결말에 이른 22편 용기Mut에서 그는 이렇게 다짐한다.

나는 마음이 하는 말을 듣지 않네
귀머거리가 되어라
마음의 한탄을 느끼지 말라
한탄은 바보들이나 하는 짓

풍파에 맞서
유쾌하게 세상에 뛰어들자
아무런 신도 이 땅을 원치 않는다면
우리가 신이다

애태우던 여인은 사라지고, 아니 영원의 연인은 어차피 없고 까마귀와 나의 그림자만이 동행하는 이 차가운 여행을 계속해야 한다면, 오히려 용기를 가지고 이 세상에 맞서자는 것이다. 낭만적 사랑의 동경으로부터 실존적 각성과 결단에 이르른 것이다.

이 시의 마지막인 24편은 그리하여 아무도 그의 노래를 들어주지 않고 쳐다보지 않아 조그마한 접시는 언제나 텅 비어있는 거리의 악사(Der Leiermann)를 등장시킨다. 굳은 손가락으로 손풍금을 한없이 돌리는 그 늙은 남자에게 심지어 거리의 개조차 으르렁거린다. 그러나 그는 아랑곳하지 않고 그의 손풍금을 멈추지 않는다. 이 노인에게 나그네는 말한다. "경이로운 노인이여/내가 당신과 동행할까요?/내 노래에 당신의 손풍금을 얹어주겠소?"

결국 「겨울나그네」는 아름다운 연인, 즉 이상적 실재는 결핍으로 현현하고 시련과 고통이 본질인 우리의 삶을 정면으로 받아들여 그것과 맞서기를 권유한다. 그렇잖으면 아무도 그의 음악을 들어주지 않고 눈여겨보지 않는 거리의 악사에게 나그네가 자신의 노래를 같이 연주하자고 하겠는가? 물론 이 시는 왕정복고적으로 돌아가는 당대 독일의 현실에 비판적이었던 뮐러가 자신의 낭만적 민족주의를 구현한 시라고 할 수도 있다.[5] 그러나 나는 이 시를 삶에 지친 모든 사람들, 고단한 삶에 고통받는 모든 이들에게 자신의 운명과 맞서 자신의 주체적 삶을 살아가라는 메시지이거나, 삶의 시련과 고통을 예술로 형상화하는 문학예술인의 자신의 운명에 대한 수락으로 읽는다. 『겨울 나그네』의 아름다운 피아노 반주와 서정적 가창을 이처럼 삶의 고통을 초연하게 이기고 운명애를 수락하는 젊음의 여행기로 듣는다면 우리에게 슈베르트의 「겨울 나그네」는 새로운 음악 여행으로 다가 오지 않을까.

헤밍웨이의 『노인과 바다』

헤밍웨이의 『노인과 바다』는 우리에게 잘 알려진 소설이다. 1990년에 안소니 퀸 주연으로 영화화 된 적이 있어 특히 그렇다. 이 소설이 처음 영화화 된 것은 1958년 워너브라더스사에 의해서였다고 한다. 스펜서 트레이시가 주연했는데 약 4000만 달러의 흥행 수입을 올렸다 하니[6] 엄청난 대박을 터뜨렸던 셈이다. 물론 영화의 이러한 성공은 원작 소설의 인기가 작용한 것이다. 1952년 『라이프』지에 발표 되었을 때 이 잡지가 이틀 만에 500만부 가량이 팔렸다는 것이 이 소설이 터뜨린 화제성을 증명한다. 헤밍웨이는 이 소설을 발표하기 전에 한동안의 슬럼프를 겪고 있었는데 이 소설로 일약 노벨문학상을 받았고 약 8년 뒤에 사망하니 헤밍웨이의 작가 인생에서 이 소설은 대미에 해당하는 셈이다.

어니스트 헤밍웨이는 기자로 그의 문필 생활을 시작하여 스페인 내전, 파리의 문화계, 쿠바의 해변, 아프리카 밀림 등을 종횡하며 그의 산 경험에 바탕한 글을 쓴 작가이다. 그는 사냥을 좋아하고 투우를 좋아한 마초적 성향의 작가였는데, 도전의식에 찬 행동을 예찬하는 그의 철학이 『노인과 바다』에도 그득 배어 있다. 1899년에 태어나 세계 유명 문인들과 교류하고 화려한 문필 생활과 네 번의 결혼, 파리와 스페인, 쿠바 등에서 코스모폴리탄의 삶을 누린 그는 그러나 이이러니 하게도 말년에 신경쇠약과 우울증에 시달리다 1961년 미국 케첨의 자택에서 엽총자살로 그의 삶을 마감한다. 엽총 자살은 권총으로 자살한 그의 아버지를 떠올리게 하는데 아마 부자 이대에 걸쳐 신경쇠약이나 우울증 같은 기질적 요인을 가졌던 것인지 모른다. 이런 점을 생각하면 또 하나 아이러니 한 것은 그에게 노벨상의 영예를 안겨준『노인과 바다』가 삶과 세계를 긍정하고 도전을 예찬하는 소설이라는 것이다.

『노인과 바다』의 주인공 산티아고 노인은 쿠바의 아바나 근처 해변에서 고기를 잡는 어부이다. 노인이라 하지만 그가 보여주는 근력이나 당시 노인의 연령 기준이 육십 세 전후인 점을 감안하면 아마 육십 대 초반 전후일것으로 추정된다.[7] 산티아고는 팔십사 일 동안을 한 마리 고기도 못 잡고 공치고 있는 상태라 마을 사람들도 이제 그의 어부 인생은 다한 정도로 안다. 그를 놀리는 사람도 있고 딱하게 여기는 사람도 있다. 오죽하면 그를 몹시 따르는 소년 마놀린의 부모조차 노인의 배에 더 이상 타지 말라고 했을까. 그런 불운에도 그러나 산티아고 노인은 결코 포기하지 않는다. 그는 자신을 걱정하는 소년에게, 팔십오 일째 되는 날의 팔십오가 오히려 자신에게는 행운의 숫자라며 오백 킬로 그램 가까이 되는 놈을 잡아오면 어쩔 거야라며 자신의 행운과 알 수 없는 미래에 대한 기대를 접지 않는다. 그의 삶에 대한 활력과 투지를 헤밍웨이는 다음과 같이 묘사한다.

> 노인의 모든 것이 늙거나 낡아 있었다. 하지만 두 눈만은 그렇지 않았다. 바다와 똑같은 빛깔의 파란 두 눈은 여전히 생기와 불굴의 의지로 빛나고 있었다.[8]

패배를 모르는 그의 투지는 다음과 같은 다짐을 낳는다.

> 나는 줄을 정확하게 드리우지. 노인은 생각했다. 다만 더 이상 운이 없을 뿐이야. 하지만 누가 알아? 오늘이라도 운이 트일지. 매일 매일이 새로운 날인 걸. 운이 있다면야 물론 더 좋겠지. 하지만 난 우선 정확하게 하겠어. 그래야 운이 찾아왔을 때 그걸 놓치지 않으니까.(33쪽)

미래에 대한 기대를 포기하지 않는, 패배를 모르는 그의 투지에 대한 보상이라 할까, 과연 그는 한 조각 나룻배에 의지한 망망대해에서 결국 그의 배 길이 보다 더 큰 5m 넘는 청새치 Blue Marlin를 낚는다. 그의 낚시법은 우리가 가끔 TV에서 보듯 문명에서 먼 해변의 어민들의 그것처럼 줄을 늘어뜨려 고기를 잡는 방식이다. 릴이 달렸거나 하다 못해 낚싯대라도 달린 것이 아니다. 그저 손과 그의 몸을 써 줄을 끌어 당겨 올리는 방식이다. 그러니 그런 큰 물고기와 싸우는 고투가 어떤지를 상상할 수 있다. 그리고 이 어마어마한 물고기와 싸우는 도중에 그의 생각, 그가 내뱉는 말들은 모두가 우리에게 하나 버릴 것 없는 잠언들이다. 고기가 처음 걸려들어 그 고기가 힘이 빠질 때까지 끌려다니는 동안 그에게는 의지하고 어려움을 나눌 상대가 없다. 그는 소년을 계속 떠올리고 그가 곁에 없음을 아쉬워하지만 그러나 고기와의 싸움은 온전히 그의 몫이다. 그는 혼자임을 감내해야 하는 사람들이 그렇듯이 계속 혼잣말로 자신을 위로하고 추슬린다. 그의 고투 중 뱃전에 날아든 휘파람새를 향해 건네는 그의 말은 노인의 속말이며 작가의 그것이다.

> 푹 쉬어라 작은 새야, 그러고 나서 돌아가 꿋꿋하게 도전하며 너답게 살아. 사람이든 새든 물고기든 모두 그렇듯이 말이야.(57쪽)

누구나 자신의 방식으로 자신의 운명을 살라는 실존적 의식과 결단이 드러나는 구절이다. 그렇지만 망망대해에서 대어와 혼자 맞선 싸움은 처절하기까지 하다. 노인은 낚싯줄에 손과 등짝이 쓸려 터지고 나중에는 자신이 잡은 고기에 달려드는 상어와 싸우느라 갈비뼈가 다치는 부상까지 입는다. 그렇지만 그는 포기하지 않는다. 그가 요동치며 자신의 주위를 배회하는 물고기와 싸우는 동안 스스로에게 다짐하는 혼잣말들을 보자.

세상에 쉬운 일이란 없다. 이보게 늙은이, 자네나 두려워말고 자신감을 갖게. 고통쯤이야 사내에겐 별거 아니지.(88쪽)

그렇지만 난 놈을 죽이고 말 거야. 그게 부당한 짓이라고 해도 어쩔 수 없어. 나는 인간이 어떤 일을 할 수 있는지, 또 얼마나 할 수 있는지를 보여 주겠어.(69쪽)

난 신앙심이 깊지는 않아. 하지만 이 물고기를 잡을 수 있다면 주기도문과 성모송을 열 번이라도 외겠어.(67쪽)

마초이즘에 가까울지라도, 또 하나의 생명을 죽이는 일이라 할지라도 노인이 세계와 맞서 자신의 전력을 투구하는 장면은 실로 감동적이다. 그리고 노인은 단지 생명을 포획 대상으로만 생각하지 않는다. 그는 자신에게 걸려든 청새치에 연민을 가지면서도 그의 투쟁을 운명이 부과한 도전으로 생각한다. "놈의 이 모든 힘에 맞서고 있는 게 그저 내 의지와 머리"(67쪽)만이라는 걸 자각하는 것이다. 또한 그는 그의 삶의 터전인 바다를 사랑한다. 어둡고 깊은 바다에 비친 무지개빛 태양, 묘하게 일렁이는 잔잔한 바다, 뭉게 구름, 날아가는 물오리떼들을 보며 바다에서는 그 누구도 외롭지 않다고 독백하는 데서 노인 또는 작가의 자연과 세계에 대한 깊은 수락/사랑을 알 수 있는 것이다. 이러한 수락은 마치 스토이시스트(Stoicist)들이 자연을 최대의 이성(Logos)으로 받아들이고 자연의 이치에 따라 자신들의 본성을 조절하고자 한 금욕주의를 떠올리게 한다.

이처럼 고독한 영웅적 투쟁을 거쳐 청새치를 잡지만 그러나 결과는 허망하다. 그가 배 옆에 달고 돌아오는 청새치에 상어들이 몇차례 달려들어 그 고기를 다 뜯어 먹어버리는 것이다. 남은 것은 대가리 부분과 등뼈뿐이지만 노인은 "싸우는 거야. 죽을 때까지 싸우는 거지 뭐."라며 상어떼들과 필사적으로 싸운다. 그리고 노인은 뼈만 남은 청새치 잔해를 배에 달고 뭍에 도착한다. 소년이 울고 동네 사람들이 놀라움과 함께 동정하지만 그는 기진맥진한 몸을 누이고 깊은 잠에 빠져든다. 그리고 그가 좋아하는 아프리카의 사자꿈을 꾼다. 여전히 용감한 투사의 꿈을 버리지 않는 것이다.

『노인과 바다』에는 이처럼 노인이 동경하는 사자와 같은 문학적 상징도 등장하지만 그러나 시종일관 사실적 묘사로 일관한다. 이처럼 수사가 없는 문장이지만 이 소설은 노인이 과연 청새치와의 사투에서 이길수 있을까, 다 잡은 고기를 상어에게 결국 허망하게 다 뜯어먹히고 마는 것일까, 등의 안타까운 스릴을 안기면서 독자를 흡인한다. 무엇보다 이 소설을 빛나게 하는 것은 삶에 대한 날카로운 성찰이다. 삶은 고통과 고뇌 속에서 자기가 맞서야 하는 그 무엇이다. 거기에서 승리를 얻더라도 그것은 잠시일 뿐 삶은 불운과 고뇌를 견디면서 또 다시 도전해야만 하는 그 무엇이다. 저마다의 운명을 수락하고 그것에 최선을 다하는 사람이야말로 영웅이다. 이것이 헤밍웨이가 전하고자 한 삶에 대한 그의 빛나는 통찰이다.

그의 통찰이 이러할진대 그러면 그는 왜 자살로 삶을 마감했나? 아이러니이고 수수께끼다. 짐작건대 아마 그가 사망한 1961년 무렵, 그는 심신을 과소모한 상태가 아니었나 생각된다. 1954년의 노벨상 수상이 그에게 성취에서 오는 허탈감의 과부하를 안겼을 수 있고, 이로 인한 알코올 중독 등으로 심신이 피폐해진 데다 아버지로부터 유전된 신경증이나 우울증이 말년의 그를 괴롭혔을 수 있다. 어쨌거나 아이러니하고 안타까운 선택이었지만 그러나 『노인과 바다』에서 삶과 이 세계의 아름다움을 예찬하고 고통, 불운, 허망함까지도 포용한 한 명의 노인을 통해 우리에게 던진 메시지는 결코 소멸하지 않는 가치로 남는다.

두 작품의 공명 지점

『겨울나그네』와 『노인과 바다』 두 작품 모두는 자신에게 주어진 삶의 무게와 운명을 수락하고 그것과 맞서라 한다. 아니 맞서기 보다는 그것을 품으라 하는 것이 옳을 것이다. 산티아고 노인이 그가 잡은 거대한 청새치를 상어떼에 다 뜯길 때 "이런 좋은 일은 오래 가지 않아. 차라리 꿈이었다면 좋았을 걸"(105쪽)이라 한탄하는 장면은 삶이 고투의 장이요 허망의 장임을 수긍하는 것이다. 그러나 상어와 싸우면서 그는 자신의 장비가 부실함을 한탄하면서도 "이보게 있는 것으로 뭘할 수 있을지 그거나 생각하도록 해" "자넨 좋은 충고를 참 많이 해주는 군 이젠 그것도 지겹네."라면서(115쪽) 자신을 독려하는 것은 유한하고 결핍된 삶에 투정하지 말고 그것을 수락하고 품으라는 것이다.

이러한 자각에서 나오는 게 유명한 구절 — "인간은 패배하도록 만들어지지 않았어. 사람은 파멸 당할 수 있을지언정 패배하진 않아."라는(108쪽) 구절이다. 물론 이 또한 헤밍웨이의 자살을 떠올리면 앞뒤가 맞지 않을 수 있다. 그러나 이것도 생각건대 헤밍웨이가 유한하고 부조리한 삶의 장(場)에 자신의 모든 것을 던져 고투한 끝에 쇠잔한 기력, 생래적인 우울증 때문에 결국 엽총의 방아쇠를 당겼다고 한다면 모순되는 구절은 아니라 본다.

삶이 어렵고 힘들고 자기 스스로 고스란히 떠안아야 할 과제라는 것은 누구도 부인할 수 없는 사실이다. 젊은이도 늙은이도, 남자도 여자도, 작가든 회사원이든, 장사꾼이든 정치가든, 갑이든 을이든 다 그렇다. 그러므로 아무리 어렵더라도 자신의 방식대로, 자신의 최선을 다 하는 삶을 살아야 한다. 그 누구도 행복과 안전이 완벽하게 보장된 삶을 살 수 는 없다. 한 번은 어둡다가 또 밝아지는 일음일양(一陰一陽)의 삶을 누구나 산다. 그러므로 쉽게 삶을 포기해서는 안 된다. 그리고 그 삶의 의지가, 듣는 이도 없이 으르렁거리는 개에 둘러쌓여 빈 접시를 앞에 두고 연주하는 악사의 처지를 공감하는 것으로 이어진다면, 엄청난 물고기를 고독한 사투 끝에 잡아올렸으나 그것을 결국 잃어버리는 노인의 허망한 투쟁을 이해하는 자리로 이어진다면, 우리의 외롭고 고단한 삶은 따뜻한 생기와 온기 속에 더욱 살 만한 것이 되리라 생각한다. 예수와 부처가 이곳에서 만나고, 보살예수가 탄생하는 지점이다. 두 작품이 우리에게 주는 궁극의 전언, 공명 지점은 이곳이다.

책을 펴는 당신 손에 더 큰 세상 더 큰 미래

 주

1) 이는 『겨울 나그네』(민음사, 2001)를 번역한 김재혁이 정리한 연보에 따른 것인데, 그의 과로사 추정은 필자의 것이다.
2) 낭만주의는 17세기 중반부터 시작된 고전주의나 계몽주의의 엄격함, 과학주의와 이성주의에 반발하여 현실에 부재한 것을 동경하고 낭만적 사랑, 개개인의 꿈, 자유를 중시하였으며 이에 따라 형식상의 자유로움도 추구한 문학적 사조이다.
3) 시 번역문과 시 전체에 대한 이해는 필자의 존경하는 스승 계명대학교 신일희 총장께서 아카데미아 후마나 특강에서 강연하신 내용에 크게 힘입었다. 그러나 시 번역은 위의 김재혁의 번역과 신일희 총장의 번역을 참조하여 나름의 의역을 기하였다. 두 사람의 번역이 틀리거나 언감생심 마음에 들지 않아서가 아니라 단지 나의 감각을 살리노라 그리 했을 뿐이다. 시에 대한 전체적 해석은 필자 나름의 방향성을 갖지 않을 수 없었다. 스승의 독창적 해석은 아카데미아후마나 간, 『사람과 문화』 제13호. 2019에 실렸다.
4) 그의 두 시편의 사랑은 슬프지만 실제 그의 삶은 그렇지 않았다. 그는 명문가의 여성과 결혼하여 나중에 옥스퍼드 대학의 교수이자 『독일인의 사랑』을 쓴 아들을 둘 정도로 슬픈 사랑과는 거리가 멀었다(위의 김재혁 역, 『겨울 나그네』연보 참조). 그의 우울한 시는 당시 그의 진보적 정치 성향에 맞지 않는 현실에 대한 좌절감, 낭만주의적 시대사조가 반영된 탓이 아닌가 한다.
5) 김재혁, 「해설」, 『겨울나그네』(민음사, 2001), 183쪽.
6) 나무위키 '노인과 바다 참조.
https://namu.wiki/w/%EB%85%B8%EC%9D%B8%EA%B3%BC%20%EB%B0%94%EB%8B%A4(2019/10.31)
7) 위의 나무위키에 따르면 산티아고 노인의 실존 모델이 있었는데 그는 헤밍웨이가 살던 당시 근처의 어부였던 그레고리오 푸엔테였다. 그가 약 오십 여일을 공치고 큰 고기 여섯 마리 정도를 잡고 돌아오다가 상어에게 다 물어뜯긴 얘기를 했더니 헤밍웨이가 그의 허락을 받아 『노인과 바다』를 썼다는 것이다. 그는 2002년 104세의 나이로 사망했다고 하는데 헤밍웨이가 이 소설을 쓴 1952년 경에는 60대 초중반이었을 것이니 필자의 추정이 맞는다. 여담이나, 이 소설이 베스트셀러가 되자 헤밍웨이는 그레고리오 노인에게 그의 극구사양에도 불구하고 당시로는 거금인 이만 달러를 주었다고 한다.
8) E. 헤밍웨이, 이인규 역, 『노인과 바다』, 문학동네, 2012, 10쪽. 앞으로의 인용은 본문에 쪽수만 밝힘.

김영균 전 대진대학교 교수, 법학 박사

청년들에게 주는 글

인간은 태어나고, 성장하고, 성숙하고 노화와 쇠퇴의 과정을 거쳐서 죽음에 이른다. 결국은 죽을 것이기 때문에 논리적 비약이기는 하지만, 인간은 죽기위하여 태어났고, 죽기위하여 공부하고, 죽기위하여 취직하고, 죽기위하여 결혼하는 셈이 된다. 그렇게 결론을 내려놓고 보면 인생은 허망하고 일할 필요가 없고, 공부할 필요가 없고, 취직도 결혼도 할 필요가 없어진다. 왜냐하면 죽으니까. 그러나 그렇게 생각할 필요가 없다. 인생은 살아볼만하다. 참 재미있는 것이 인생이다. 뜨거운 태양과 무더위에 숨을 헐떡거릴 때에도 낭만과 풍요로운 가을이 기다리고 있고, 낙엽이 허무를 느끼게 할 때 하얀 설원위에서 귓전에 바람을 쌩쌩 일으키면서 질주 할 수 있는 스키장이 기다리고 있다. 대지위에 어떠한 생명도 발견할 수 없을 때 꽁꽁 얼어붙은 얼음장 밑에서는 파란 새싹이 감당할 수 없는 생명의 용트림을 하고 있다. 인생은 생로병사의 순환이며 인생을 길고 긴 마라톤이라고 볼 때 청년들, 특히 대학생들은 신체적·정신적으로 성장하는 시기이다. 평생을 살아가기 위하여 준비하는 기간이다. 이 시기에 충실하게 준비한 사람은 일생동안의 삶이 즐거울 것이요, 준비를 태만히 한 사람은 나머지 인생을 힘들게 살아야 한다. 평생을 살아본 사람으로서 살아온 경로를 반추해보니 무엇인가가 보이더라. 청춘들이 이렇게 살면 좋겠더라는 것이다.

청춘근육 평생 간다

흔히들 건강한 육체에 건강한 정신이 깃든다고 말한다. 고대 로마의 시인 유베날리스(Juvenalis)는 "오란둠 에스트 우트 시트 민스 사나 인 코르포레 사노(Orandum est ut sit mens sana in corpore sano)"라고 하여 번역하면 "건전한 육체에 건전한 정신까지 깃들면 바람직할 것이다"라고 하였다. 원래 로마의 검투사들이 근육을 만들기 위하여 신체단련의 열풍이 부는 것을 빗대어 표현한 것이나, 유레날리스의 어조는 근육만 키우는 사람은 건강할 수 없고 생각을 해야 진정한 건강이 있다는 취지로 이해한다. 맞는 말이다. 정신과 육체가 균형을 이루도록 노력하여야 한다. 오늘날 묻지 마 살인이나 이유 없는 폭력이 벌어진다. 일반적인 범죄는 범죄의 고의가 있어야 하는데, 묻지마 범죄는 범죄를 저지르는 동기가 없다. 사회에 대한 막연한 증오심이나 아무런 인과관계가 없는 불특정 다수인을 상대로 무차별적인 폭력을 휘두르거나 끔찍한 행동을 한다. 무차별범죄는 해가 갈수록 증가하고 있다. 왜 이처럼 흉악한 범죄가 빈번히 발생하는가. 현대사회는 급속한 산업화·도시화에 따른 시민적 무관심, 익명성, 핵가족화되면서 한 개인이 타인을 특별한 관심의 대상으로 보지않고 인간적인 유대와 공동체의식이 약화되었다. 이에 따라 인간사회를 규율하는 규범체계가 무너지고 도덕율이 마비되어 범죄에 대한 인식이 결핍되기 쉽다. 자신의 행위가 사회적으로 금지되는 행동이라는 것을 인식하지 못하고 이성적 통제를 받지 않아 감정적 행동으로 표출하기 때문이다. 인간이 갖고 있는 동물적 특성을 이성으로서 제어하지 못하여 극단적인 행동으로 나아가게 되는 것이다. 이러한 경향은 자신의 처지가 궁지에

물렸을 때 자살이라는 극단적 선택을 하거나 방화, 살인 등으로 나타난다. 정신적 과부하를 신체활동을 통하여 감내하거나 해소해야 하는데, 그렇지 못하기 때문이다. 그러므로 육체적 활동과 정신적 활동이 균형을 이루도록 하여야 한다. 정신적 활동은 독서와 수양을 통하여 하고, 격렬한 운동을 하여 근육을 튼튼하게 하는 것이다. 특히 청년기의 근육활동은 대단히 유익하다. 사람의 일생은 생로병사의 순환과정이다. 유아기와 청소년기에는 인체를 만들어지는 기간이다. 청소년기에는 성장호르몬의 분비가 활발한데, 성장호르몬은 뇌하수체 전엽에서 분비되는 호르몬의 하나로 체내에서 뼈, 연골 등의 성장뿐만 아니라 지방 분해와 단백질 합성을 촉진시키는 작용을 하는 물질이다. 청소년기 및 성장기에는 뼈의 길이 성장과 근육의 증가 등 성장을 촉진하는 작용을 주로 한다. 이처럼 왕성한 성장호르몬이 분비되는 청소년기에 근육운동을 하면 이 때 형성된 근육은 평생 동안 유지된다. 운동선수들은 근육이 튼튼하고 신체적 균형을 갖추고 있다. 마라톤으로 유명한 손기정 선수는 79세 때 루터 킹(King Martin Luther) 목사 기념 '한·흑(韓黑) 퍼레이드'에 참가할 정도로 건강하였다. 청소년기에 단련된 근육이 있었기 때문이다. 청소년기에 만들어진 근육은 노인이 될 때까지 유지된다. 청춘근육은 평생동안 그 사람의 삶과 동반하는 것이다. 청년기에는 활발한 운동으로 육체를 단련하고 많은 독서로 정신적 단련을 하여야 한다. 이 두가지는 인간의 수명이 다하는 순간까지 그 사람과 동반한다.

수불석권(手不釋卷)

수불석권(手不釋卷)이란 손에서 책을 놓지 않는다는 뜻으로 늘 책을 가까이 하여 학문(學問)을 열심히 하라는 것으로 삼국지 여몽전(呂蒙傳)에 나오는 이야기다. 여몽은 전쟁에서 공을 세워 오(吳)나라의 손권(孫權)에 의해 장군으로 발탁되었다. 손권이 여몽에게 책을 읽을 것을 권하자 여몽은 시간도 없고 나같이 무식한 사람이 무슨 책을 읽겠느냐고 핑계를 댔다. 손권은 "후한(後漢)의 황제 광무제(光武帝)는 아무리 바빠도 손에서 책을 놓지 않았으며(手不釋卷) 위(魏)나라의 조조(曹操) 또한 늙어서도 배우기를 좋아했다"는 이야기를 들려 주면서 황제인 자신도 늘 독서를 계속하고 있다고 하였다. 이에 크게 자극을 받은 여몽은 이후 전쟁터에서도 책을 놓지 않았다. 노숙(魯肅)은 여몽이 무식하다고 무시하였는데, 하루는 여몽을 찾아가 이야기를 나누다 그의 박식해진 모습에 깜짝 놀라며 언제 그렇게 많이 공부했느냐고 물었다. 그러나 여몽은 "선비가 만나서 헤어졌다가 사흘이 지나 다시 만날때는 눈을 비비고 다시 볼 정도로 달라져야 하지 않는가(刮目相對)"라고 대답했다. 그래서 옛말에 수불석권(手不釋卷)하면 괄목상대(刮目相對)한다고 했다.

    오늘날 인간의 수명은 늘어났고, 사회는 인간이 살아가는데 엄청난 지식과 정보를 요구한다. 거의 백여 년을 살아가는 동안 새롭게 등장하는 정보의 양도 엄청나려니와 청소년기에 배운 학문과 정보는 살아가면서 쓸모없는 지식과 정보가 되어버리는 경우도 허다하다. 불과 10여년전에 일반적으로 사용하던 컴퓨터의 플로피 디스크는 지금은 찾아볼 수도 없고, 장래 휘발유를 쓰는 자동차는 개념조차도 사라질 지도 모를 운명이다. 이러한 시대에 살고 있는 우리는 필요한 지식을 어디에서 보충할 것인가. 끊임없는 독서가 해답이다. 요즘은 인터넷으로 모든 정보를 얻을 수 있는 세상이다. 과거의 종이책에서 배울 수 있었던 정보를 지금은 손안에 든 스마트 폰 속에서 다 찾을 수 있다. 그러므로 오늘날의 수불석권은 종이책만을 의미하는 것이 아니라 각종 다종다양한 매체를 통하여 끊임없이 새로운 정보를 획득하고 자신을 새로운 정보로 가득 채워야 한다. 또한 독서도 자신이 좋아하는 것만 편식할 것이 아니라 인문, 사회, 자연 과학, 종교, 문학 등 다양한 분야에 대하여 두루 섭렵하는 것이 좋다. 독서량이 인생의 경쟁력이다. 손에서 책을 놓지 말라.

야망을 가져라

　야망이란 무엇을 이루어 보겠다고 마음속에 품고 있는 욕망이나 소망을 말한다. 콜럼버스는 탐험대를 이끌고 신대륙을 발견하고 금은보화를 얻어 돌아왔다. 당시에는 배를 타고 대해로 항해한다는 것은 살아서 돌아올 확률이 절반도 되지 않은 엄청난 위험한 일이었지만, 그의 야망은 모험심을 자극하여 대 항해를 감행하는데 망설이지 않게 하였다. 야망은 도전하게 한다. 야망이 크다는 것은 갈망하는 욕망이 그 어떤 사람보다 크다는 의미이기 때문에 자신의 목표를 향해 누구보다 발 빠르게 나아가게 되고 야망이 클수록 그만큼 행동력도 커지게 된다. 야망에서 말하는 희망의 대상은 주로 권력이나 재력이다. 그러나 반드시 권력이나 재물만이 야망의 대상인 것은 아니다. 발명왕 에디슨은 특허출원건수가 1,000개가 넘을 정도로 엄청난 발명을 하였다. 오늘날 인류가 사용하는 대부분의 문명의 혜택은 에디슨의 발명덕분이라고 해도 과언이 아니다. 애플 창업자 스티브잡스, 전기자동차와 민간 우주왕복선에 도전한 엘런 머스크 등 많은 야심가들이 숱한 도전의 결과가 인류의 발전으로 나타났다. 청년이 야심만만한 국가와 사회는 발전하고 성장한다. 반면에 청년이 야심이 없고 소심하면 그 사회는 쇠퇴의 길로간다. 삼시세끼 먹는 궁리만 한다거나, 먹방프로그램이 인기를 누린다. 역사적으로 아주 유명한 '식탐 시대'가 있었다. 고대 로마 귀족들은 배불리 먹고 토한 다음 또 다시 먹는 퇴폐적인 생활을 즐겼다. 그 결과 로마는 망하고 말았다. 마약이 성행하고, 카지노와 고급차를 타고 호화사치향락을 즐기는 사회는 청년들의 야심을 엉뚱한데로 몰고가서 국가를 패망으로 인도한다.

안주(安住) 먹지 마라

안주는 술 먹을 때 곁들여 먹는 음식 즉, 안주(按酒)를 뜻하는 것 아니라, 한곳에 자리를 잡고 편안히 사는 것 또는 현재의 상황이나 처지에 만족하는 것을 말한다. 작은 성취를 하고 편안함에 도취되어 그 상황을 즐기며 거기에 머무는 것은 사람의 몸과 마음을 병들게 한다. 안주한다는 것은 그냥 편안함을 즐긴다는데 끝나지 않고 도태되는 것을 의미한다, 왜냐하면 남들은 일취월장 발전하고 있는데 나만 멈추어 있는 것이기 때문에 시간이 지나면 지날수록 낙오된다. 은나라의 "선비가 만나서 헤어졌다가 사흘이 지나 다시 만날 때는 눈을 비비고 다시 볼 정도로 달라져야 하지 않는가(刮目相對)"라고 하였다. 일신우일신(日新又日新)나날이 새로워져야 한다. 일신우일신 하면 나쁜 운명도 좋은 방향으로 개선된다. 반대로 타성에 젖어 자신을 일신하지 못하면 육체만 늙어갈 뿐 조금도 자신이 발전하고 개선되지 않은 도퇴태된 삶을 살아간다. 끊임없이 목표를 갱신하고 하나의 목표를 성취했다면 또 다른 목표를 설정하여 도전함으로써 나날이 새로운 인생, 거듭나는 삶을 살 수가 있다. 요즘 청년들은 취직하면 집이나 장만하고 승용차를 사서 여행을 다니면서 인생을 즐기면서 산다. 그것이 반드시 나쁜 것만은 아니다. 그러나 현실에 안주하고 도전하지 않은 풍조는 국가와 사회를 도태시키고 개인의 삶도 의미를 찾지 못하게 한다. 그러므로 끊임없이 도전하라! 안주하지 말라! 하나를 성취하면 또 다른 새로운 것에 도전하는 삶의 자세는 개인을 발전시키고 나라를 발전시킨다.

블루베리 힐의 사랑

"Blueberry Hill"이라는 노래는 빈센트 로즈가 작곡하고 알 루이스와 래리 스톡이 가사를 붙인 사랑에 대한 노래이다. 이 노래는 1940년 처음 루이 암스트롱에 의하여 발표되고 1940년에만 여섯 번이나 녹음될 정도로 인기가 있었다. 1956년 팻 도미노에 의하여 록큰 롤 형식으로 발표되었을 때에는 빌보드 차트에서 3주동안 2위에 올랐으며, 8주 연속 R&B 베스트셀러 차트에서 1위를 차지할 정도로 선풍적이었다.

블라디미르 푸틴 러시아 총리가 2010년 12월 10일에 아픈 아이들을 위한 자선 단체를 지원하기 위하여 국제 영화 및 텔레비전 유명인들을 대상으로 공연하기 앞서 이 노래를 불러 인기를 한몸에 얻기도 하였다. 그러나 푸틴의 러시아는 정적암살과 개인적 탐욕으로 가득찬 사랑과는 무관한 나라이다.

이 노래의 영어가사는 "I found my thrill, On Blueberry Hill, On Blueberry Hill, When I found you"로 시작된다. "블루베리 언덕에서 당신을 처음보았을 때 내 가슴은 전율을 느꼈지. 블루베리 언덕위에는 달이 떠 있었고, 내 꿈을 이루어졌었지. 버드나무 잎은 바람사이로 달콤한 음율을 들려주었지. 그러나 너는 약속을 지키지 않았어. 비록 우리는 떨어져 있지만 넌 아직 나의 마음속에 있어. 블루베리 언덕위에서 나는 전율을 느꼈어"라면서 끝난다.

이 노래는 첫사랑을 만났을 때의 느낌을 스릴이라고 썼다. 사랑하는 사람을 처음 만났을 때의 느낌은 사람마다 다르고 전해오는 기분도 각각 다를 것이다. 그 느낌은 짜릿함(Exciting)이나, 황홀감(ecstasy), 미쳐버림(crazy), 설레임(heart fluttering), 가슴 쿵덕거림(bouns) 등으로 표현된다. 그런데 얼마나 첫인상이 강하면 thrill(전율, 오싹함)이라고 썼을까? 첫사랑은 정말로 오싹한 것일까?

관객의 공포심리를 자극할 목적으로 제작한 드라마를 스릴러(thriller)물이라고 한다. 스릴러물은 영화를 비롯하여 연극·방송·소설 등에서도 쓰이는데 넓은 의미에서의 서스펜스드라마의 일종으로 요괴·괴기극, 범죄·탐정극 등으로 제작된다. 공포감을 주는 쪽보다도 공포감을 느끼는 쪽이 공포에 빠져들어가는 과정을 표현하는데 주안점을 둔다. 스릴러물의 대표적인 작가 미국의 알프레드 히치콕 감독은 평범하고 일상적인 일로 보이는 것에서 일어나는 공포심리를 적확하게 표현하는 영화를 많이 제작하였다. 보통 쇼커(shocker)와 같은 뜻으로 쓰이지만 심리적으로 깊은 밑바닥에 뿌리 박혀 있지 않은 외적인 충격에 의한 공포물을 스릴러물이라고 부르기도 한다. 이처럼 스릴이라고 하는 것은 오싹함, 충격, 쇼킹 등의 의미를 갖는데, 왜 블루베리 힐에서는 스릴이라고 가사를 썼을까? 사랑은 달콤하기도 하고, 황홀하기도 할 텐데 말이다.

러시아 소설가 이반 투르게네프의 소설 첫사랑에서 16살난 주인공 블라디미르 페트로비치는 별채에 이사온 공작댁 딸 지나이다를 담너머로 보고 한눈에 반해버린다. 그는 그녀가 자기를 사랑하면 거기서 뛰어내려 보라기에 뛰어내렸다가 한동안 정신을 잃었다. 첫사랑에 혼이 빠지면 높은 담에서 뛰어내려 정신을 잃을 정도로 첫눈에 넋이 나가는 것인가 보다. 이 정도로 사랑에 빠진다면 스릴이라고 써도 될법하다.

셱스피어의 세계적 명작 「로미오와 줄리엣」은 원수 집안 끼리 만나서 이룰 수 없는 사랑을 하다가 죽음으로 끝낸 비극적 소설로 유명하다. 줄리엣을 만나기 전에 로미오는 로잘린이라는 도도하고 차가운 처녀에게 반해 제정신이 아니었다. 자신의 열정을 받아주지 않는 로잘린 때문에 삶의 의욕을 잃고 스스로를 '산송장'이라고 부를 정도였다.

로미오의 친구 벤볼리오는 그런 로미오에게 로잘린을 잊을 수 있는 비법을 알려주었다. "다른 예쁜 여자를 찾아봐." 친구 벤볼리오의 말은 정답이었다. 로미오가 캐퓰렛 집안 파티에서 줄리엣을 처음 본 순간 로잘린은 로미오의 뇌리에서 깨끗이 지워져버렸다. 둘은 결국 자살을 선택할 정도로 사랑에 빠진다. 그렇게 죽자살자 하던 사람이 한순간에 그 사랑을 깡그리 잊어버릴 수 있다는 것이 또한 사랑의 정체이다. 어떤 소설에는 "그녀를 본순간 나는 미쳐 버리는 줄 알았습니다. 손발이 오그라 들고, 머리속이 하얗게 되었습니다."라고 사랑을 표현한다. 이렇게 운명처럼 만난 사랑이면 아름답게 끝나야 정상 아닌가. 그런데 죽고 못사는 사랑도 해피엔딩으로 끝나기보다는 비극으로 끝나는 경우가 많다. 어렵게 이룬 사랑이면 행복한 사랑을 이루어야 마땅할텐데 말이다. 죽음으로 끝나는 사랑은 주로 이룰 수 없는 사랑에서 많이 나타난다. 동서고금에는 이룰 수 없는 사랑으로 고민하다 죽음으로 끝내는 사랑이야기가 많이 등장한다.

바그너의 악극 「트리스탄과 이졸데」는 사랑의 이중창으로 유명하다. 이극의 제2막에서 트리스탄은 느닷없이 이렇게 외친다. "사랑의 밤이여, 내가 살아있다는 것을 잊게 해다오." 왜 이 주인공은 살아있다는 것에 감사해야할 쾌락의 절정을 맞는 순간에 살아있다는 것을 잊고 싶어 하는가? "트리스탄이여, 그대는 마치 타나토스(죽음)가 긴 줄에 메달아 인생의 무대 위에서 연인을 찾아 이리저리 움직이는 바보인형, 에로스(사랑) 같구나!" 이 악극의 마지막 대사는 이렇게 끝을 맺고 있다. 이 악극은 에로스와 타나토스를 결부시킴으로써 사랑과 죽음은 상통하는 듯 묘사하고 있다. 흔히들 사랑은 아름답다고 한다는데 왜 이렇게 부정적 평가가 많은가?

　일이 완결되지 않으면 긴장이나 불편한 마음이 지속되어 잔상이 오래 남을 수 있는데, 이를 자이가르닉 효과(Zeigarnik effect)라고 한다. 첫사랑을 쉽게 잊지 못하는 것이 대표적인 예라고 할 수 있다. 마치 못한 일을 마음속에서 쉽게 지우지 못하는 현상으로 일종의 아쉬움 때문에 안타까와 하는 것인지도 모른다. 사랑은 가질 수 없을 때 더 아름답다. 쉽사리 가질 수 있는 사랑이라면 그렇게 아쉬워하지 않을지 모른다. 사랑을 이루어 가정을 꾸리는데 성공한 사람들이 결혼을 성공한데 대한 만족감보다도 결혼을 피하지 못한데 대한 후회를 말하는 경우가 있듯이 말이다. 그러나 남녀 간의 사랑이 아닌 인간에 대한 사랑은 스릴을 느낄 정도로 짧은 순간에 극한을 오가는 법이 없다. 은근하면서도 끈질기게 짚 더미에 붙은 불처럼 오래 오래 탄다. '세계의 위인', '인도(人道)의 전사', '원시림의 싱자' 등으로 불리며 사람들의 존경을 받는 슈바이처 박사는 험악하기로 이름난 아프리카의 원시림에서 인간에 대한 사랑을 실천하였다. 내전에서 매년 수만 명이 죽어나가는 남 수단에서 음악과 의료봉사로 사랑을 실천하다 안타깝게 젊은 나이에 세상을 떠난 신부이자 의학박사인 이태석의 인간에 대한 사랑도 스릴을 느끼게 한다. 그가 죽기 전에 나팔을 불면서 그를 따라다니던 작은 소년 토마스 타반 아콧이 한국에 와서 의사가 되었다. "신부님은 그냥 친구였어요. 그 미소만 바라만 봐도 아픈 게 다 나았어요." 이 소년은 이태석박사가 치료를 하지 않았다고 폭로한다. 바라보기만 해도 환자가 나았다는 것이다. 환자가 의사의 미소만 바라봐도 아픈 병이 다 낫는다? 왜 그랬을까?

　인간에 대한 진실한 사랑은 기적을 낳는다. 환자는 그를 사랑하는 의사의 미소를 보는 순간 스릴을 느꼈을 것이다. 오싹함, 전율이 환자의 통증을 말끔하게 낫게 하는 이유는 인간에 대한 사랑의 스릴 때문이다.

숙독완미 (熟讀玩味)
익숙하도록 읽어 뜻을 깊이 음미함을 뜻한다

노동조 현 상명대학교 교수, 문학 박사

몰입해서 보면 보인다

두 해 전 추석.

국군의 날, 개천절, 추석, 한글날의 국경일과 그 사이에 임시공휴일과 대체 휴일이 낀 열흘간의 황금연휴. 무얼 할까 고민하다가 그래 영화다. '추석은 영화지!'

무슨 영화를 볼까? 어떤 장르의 영화를? 이런저런 생각 끝에 내키는 대로, 생각나는 대로, 평소에 보고 싶었던 영화들의 리스트를 적어 내려갔다.

1. 인생은 아름다워
2. 시네마천국
3. 미저리
4. 이창
5. 어느 날 밤에 생긴 일
6. 멋진 인생
7. 수색자
8. 스미스씨 워싱턴에 가다

9. 현기증
10. 미드나잇 카우보이

하루에 한 편. 아니다. 내 스타일은 몰아치기고 한 번 보기 시작하면 두, 세편을 훌쩍 보기에 더 많은 영화가 필요하다. '역대 아카데미 수상작', '누구누구가 추천하는 영화', '장르별 꼭 보아야 하는 영화 베스트 몇 편' 등등의 인터넷 정보를 바탕으로 총 25편의 영화를 선정했다. DVD 대출은 학교 중앙도서관의 멀티미디어실. 마치 무슨 큰일이라도 해 낸 듯 쇼핑백 가득 담아 집으로 향하는 내 발걸음은 가볍다.

가족 모두가 잠든 새벽 1시. 시작한다. 1번, 2번, 3번을 모두 감상하니 새벽의 어둠이 걷히고 날이 밝았다.

《인생은 아름다워(La Vita E Bella, Life Is Beautiful)》는 이탈리아 출신의 로베르토 베니니 감독의 1997년 작으로 그가 영화의 주인공인 귀도역으로 등장하여 절망적 상황에서도 아버지로서 아들에게는 꿈과 희망을, 아내에게는 영원한 희생과 사랑을 안겨준다는 내용의 아름다운 영화다. 관람객 9.54, 기자와 평론가 8.34, 네티즌 9.39의 평점을 받아 거의 모든 평가에서 항상 최상위에 배치되는 명화이다.

《시네마천국(Cinema Paradiso)》은 역시 이탈리아 출신의 쥬세페 토르나토레 감독의 1988년 작으로 유명 영화감독이 된 토토가 그의 유년 시절, 고향 마을의 영사기사였던 알프레도와의 우정을 그린 영화로 토르나토레의 나이 32세에 완성했다고는 믿기지 않을 정도의 탁월한 연출력을 선보여 영화인들의 시선을 한 몸에 받은 불세출의 명작이다. 관람객 9.47, 기자와 평론가 8.38, 네티즌은 9.29로 평가했다.

두 편의 이탈리아 영화를 보고나니 성격이 다른 영화가 보고 싶어졌다.

재미있는 영화. 그래 스릴러다. 주저 없이 《미저리(Misery)》를 집어 들었다. 이 영화는 로브 라이너 감독의 1990년 작으로 그는 5,60년대 미국 코미디영화의 대부이자 유명한 극작가이기도 했던 칼 라이너의 아들이기도 하다. 롭(로브 대신 '롭'으로 불림)은 미국 브롱크스 출신으로 《미저리》를 제작하기 전 《해리가 샐리를 만났을 때(1989)》로 빅 히트하고 연이어 《미저리》를 연출하여 힐리우드를 대표하는 흥행 감독이 되었다. 이 영화도 탄탄한 시나리오에 감독의 연출력이 더해져 스릴러물의 대표작으로 추앙받고 있다. 네티즌 평점은 9.00이며, 한 네티즌의 한 줄 감상평에 따르면 진짜 재밌게 무서운 영화이다.

한 편의 스릴러 영화를 보고나니 스릴러 영화의 정수인 알프레드 히치콕 감독이 생각났다. 영화를 모르는 사람들도 히치콕 감독은 들어 보았을 정도이니 그에 대한 설명은 더 이상 필요 없다. 히치콕은 영국 런던에서 태어났으나 주로 미국에서 활동했다. 그는 장르로서 스릴러 영화를 확립한 태두이다. 《암살자의 집》, 《39계단》 등에서 심리적 불안감을 연출하는 '히치콕 터치'를 창출하였으며, 《현기증》, 《사이코》, 《새》 등의 순수 스릴러 영화를 제작하였다.

그의 대표작인 《사이코》는 이미 보았기 때문에 그동안 벼르고 별렀던 《이창》을 먼저 감상하였다. 이어서 《현기증》을 보고 마지막으로 《사이코》를 한 번 더 보았다. 세 편의 영화 모두 대단하니 두 말 할 여지도 없다.

그런데 영화를 보고난 후에 이런 의문이 들었다. '이 세 편의 영화들은 언제 제작되었지? 그 순서는?' 그리고 스스로 답을 내렸다. '아마도 《이창》, 《현기증》, 《사이코》의 순서로 제작했을 거야' 그리고 인터넷을 뒤졌다. 《이창, 1954》, 《현기증, 1958》, 《사이코, 1960》. 자랑이 아니다. 누구라도 집중해서 보면 보인다.

　사족 하나. 사람들은 《사이코》를 히치콕의 대표작으로 꼽지만 나는 《현기증》이다. 이는 남들과는 다르고 싶은 나만의 생각이다. 난 영화광인가?

어제, 오늘 그리고 내일, 모두 책속에 있다

생각 많은 개

새로운 학교에서의 첫 학기였다.
학교 옆 게스트 하우스를 연구실로 사용한 적이 있었다.
연구실로 가는 길목에 빌라가 있었고 그 앞에는 작은 개 한마리가 있었다.
오가다 자주 보니 어느 새 정이 들고 관심이 많아 졌다.
시간이 갈수록 이 녀석을 유심히 관찰하는 지경에 이르렀다.

그런데 요상하다.
이 녀석이 짖지를 않는 것이다.
보고 있지 않아도 멀리 있어도
이 녀석이 짖으면 소리라도 들릴 텐데...
사람이 지나가도 그 앞에서 무슨 일이 벌어져도 세상에는 무심한 듯.
반듯한 자세로 엎드려 먼 곳만을 응시하고 있는 것이 아닌가!

수구초심(首丘初心)[1]
어미를 그리워하나?

어린 녀석이 어미 곁을 떠나 낯선 곳으로 입양되었나?
집을 나와 어미를 잃었나?
학기가 끝날 즈음 다시 보니
그 새 불쑥 커져 있었다.
가까이 다가가 보니 이 녀석의 눈가가 촉촉하다.
왜 그러냐고 물어 볼 수도 없고.
어린 녀석이 생각도 많지.
그래서 '생각 많은 개'로 이름 지었다.

두 해가 지났다.
다시 가보니 빌라는 여전한데 개가 보이지 않는다.
녀석은 어디로 갔을까?
가족의 품으로 돌아갔으면 좋으련만..

이럴 땐 인간이 야속하다.
사람은 선의로 반려견을 입양하지만
반려견은 젖도 떼기 전에 어미와 생이별을 하는 것이다.

생각 많은 개
그 녀석이 생각난다.
오늘의 하늘이
그 녀석을 처음 만난 날과 같은 하늘이기 때문일까?

 용어

1) 수구초심(首丘初心) : 여우가 죽을 때에 머리를 자기가 살던 굴 쪽으로 바르게 하고 죽는다는 말로, 고향을 그리워하는 마음을 비유한 것.

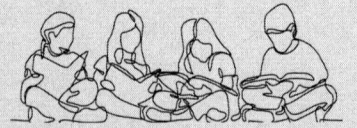

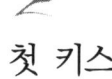

첫 키스

"날카로운 첫 키스의 추억은 나의 운명의 지침을 돌려놓고 뒷걸음쳐서 사라졌습니다." 만해 한용운 "님의 침묵" 한 구절. 누구에게도 처음 경험은 눈앞이 번쩍이게 날카롭고 가슴을 쿵쾅거리게 떨린다. 첫 사랑, 첫날 밤, 첫 직장, 첫 월급, 첫 잔, 첫…. 이것 말고도 '첫'자가 붙은 단어는 언제나 심장 한 조각 부르르 떨게 하는데 조금도 부족하지 않다.

수십 년 동안 열두 달이냐 일주일이냐 기간 차이는 있었지만 쳇바퀴 돌리는 다람쥐처럼 돌고 도는 물맛 삶이었다. 그어놓은 차로 위를 정숙 주행하는 하루, 한 달, 한 해였다. 이제 밍밍하게 흐르던 시간을 벗어버리고 퇴직하고 새로 만나는 일은 한 둘이 아니다. 무궤도 전차처럼 주행하는 하루 생활부터 일반인 대상 글쓰기를 강의해본 것, 수필잡지 주간을 맡아 본 것 역시 모두 첫 경험이었다. 온통 만나는 것에 첫, 첫, 첫 자가 붙었다.

술을 잘 마시지 못하면서도 자연스레 술잔에 생활이 묶여버렸다. 술 권하는 사회 초년생일 때는 무거운 짐인 술로 다음 날 배를 움켜잡고 한 술도 못 뜨는 일을 여러 번 치루지 않으면 안 되었다. 날이 쌓이다 보니 주량은 조금 늘었고, 취해서 헛말하지 않고 집에 찾아오도록 조절하는 레시피도 알

맞추 마련하게 되었다. 세월이 벽돌처럼 포개지다 보니 어느새 집에서도 혼술 상을 마주할 일도 생겼다. 시절 따라 제주와 명절 차례주를 비워야 하는 경우지만, 집안에서도 한잔 기울이는 식이랄까.

바늘도둑 소도둑 된다고 하더니 남은 술 아니라도 가끔 과일주 담가서 마시기도 하고, 타국 여행지 기념품으로 한 두병 사 들고 오기도 했다. 살다 보니 이런 저런 인연으로 받은 술도 늘어갔다. 어느 사이 사열 받듯 늘어서 간택을 기다리는 병들이 대기 중인 공간도 거실 한편에 자리 잡았다. 언제 세상 밖으로 나갈지 모르는 甁卒들이 뭐라고 속살대는지 간혹 염탐하러 문을 열고 눈을 맞추기도 했다. 문득 마음 흔들리면 눈빛 강렬한 병졸 불러 대기를 한 모금쯤 마시도록 허용했다.

몇 년 전 산티아고 순례 길을 걸으면서 자주 만난 것이 와인이다. 한 달 간 동행한 아내와 친구와 한 두병을 따는 일이 거의 일과였다. 나그네 발길이라 매일 목울대를 넘기다보니 와인 맛을 혀가 반색할 정도까지는 안 갔지만, 가격 따라 맛의 차이를 아는 듯 마는 듯하다 길이 끝났다. 돌아온 뒤에는 와인과 거리가 먼 음주 문화라 잠시 사귀던 여인 작별하듯 인사 나눌 기회가 별로 없었다. 와인과 함께 쌓은 추억의 시간도 더불어 영 사라지는가 싶었다.

계단참에 세워둔 선반에서 무엇인가 찾다 와인 병을 발견했다. 개중에는 마시다 그냥 눕혀두어 새어나오거나 맛이 변한 것도 있었다. 한 병은 혼자 다 마시기 어려우니 몇 번에 걸쳐 나누어 마셔야만 했다. 두었다 마시자고 밀쳐놓았다가 그만 잊어버리고 그곳에 박아둔 것일 터. 그것을 잊고선 여행하며 습관적으로 지역 특산 술이나 와인을 가방에 담아 와 그곳에 버려두었으리라. 마치 여행지에서 싸들고 온 기념품이 얼마 지나지 않아 어디 구석엔가 박혀 있다 뽀얀 먼지 속에 갑자기 얼굴 내밀며 안녕하고 인사할 때처럼 면구스러웠다. 한 때 치밀던 감성이 얼룩진 채 빤히 쳐다봤다. 급히 내질렀던 旅愁의 민낯일까.

와인을 제대로 마시려면 배워야 한다는 말을 들었지만 거기까지 갈지는 아직 알 수 없다. 건강(?)하려면 와인을 마시는 것이 좋다하니 이제부터 와인을 즐기자고 생각했다. 쇠뿔도 단김에 빼라하였으니 이참에 와인 전용냉장고를 집안에 새 식구로 맞아들였다. 몸에서 慾氣가 빠져나갈 때나 저 먼 하늘에서 다가오던 光氣가 길을 잃었을 때는 와인을 마시기로 작정했다. 이 또한 정말 생각지도 못한 은퇴 후 첫 경험의 추가 품목 하나인 셈.
　커피도 첫 경험으로 다가왔다. 인스턴트 막대 커피를 주로 마셔왔다. 아침 식사 때마다 커피를 줄곧 마시는 친구 왈, 그냥 커피만 마시는 게 좋단다. 함께 여행하던 중에 진지하게 권했다. 친구 따라 강남 간다고 하지 않았던가. 진정을 믿고 그 뒤로 도전 중이다. 아직은 믹스 커피와 둘을 섞어 마시지만, 커피만 마시는 기회를 자주 만들어 간다. 습관화 된 입맛에는 아직 믹스 커피가 달고 맛나다. 진짜 커피 마시는 새로운 경험이 언제쯤 익숙해질지 모른다. 친구 충고를 존중해 한 잔 한 잔 블랙커피 경력을 쌓아간다. 커피 마시는 새로운 방식도 은퇴 후에 맞이한 첫 경험.
　어느 것이라도 새로 시작한 게 반복되면 일상으로 바뀌겠지만 다양한 첫 경험이 앞으로 얼마나 등장할지 모르겠다. 와인 냉장고에 보관했다 꺼내 마시는 그 첫 경험이 은근히 설레게 한다. 커피 참 맛을 찾게 될 날 역시 한 잔 期待로 부푼다. 은퇴 후에 새로 만나는 게 한 둘 아니지만 이 둘은 왠지 다른 것과는 후기 인생에 특별할거란 예감. 전용 냉장고에서 꺼내 마시는 와인과 블랙커피를 맛보는 후반전 삶이 어쩔지 모르겠다. 첫 경험이지만 불쾌한 와인 빛과 구수한 커피 향처럼 멋진 인생 한 토막이길 바랄 따름이다.
　어찌 와인과 커피뿐일까. 하루하루 맞이하는 나날은 언제나 새로운 첫 경험의 연속. 오늘은 어제 경험해보지 못한 첫 경험의 날. 내일 역시 어제와 다르고 오늘과 차이 나는 첫날. 살아가는 그날그날 삶이 첫 경험 아닌 것이 무엇이 있는가. 모래시계 알 같이 그게 그것 같아도 정말 똑같지 않다. 매번 다르지만 누구나 미처 인식하지 못할 뿐. 인생이란 모두 첫 경험의 연속 아닐 텐가, 마지막 사는 날까지도. 가끔은 첫 키스처럼 가슴 뛰며 살 수 있기를 새해 첫날에 빌어보며….

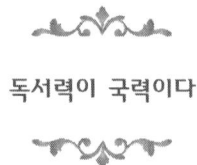

독서력이 국력이다

글이 무섭다

　이른 바 SNS를 잘 하지 않는다. 이 시대는 표현 자유가 넘치고 누구나 자유롭고 편리하게 맘껏 글을 쓸 수 있다. 어찌 보자면 세상 흐름에 역행하는 셈인데 불가피한 경우만 간단하고 짧게 쓴다. 사회 관계망 서비스에 남아 돌아다닐 글이 무섭기 때문이다. 명색이 수필가로 잡지에 발표도 하고 책까지 펴냈는데 글이 무섭다는 말은 무언가. 자가당착에 빠진 한심한 꼴을 고백하는 셈이 아닌가!
　글은 어떤 생각과 감정을 표현하여 누군가에게 전달하기 위한 게 일차 임무다. 이렇게 인식하고 누구나 글을 쓴다. 마찬가지 소통 구실하는 말은 바로 앞에 상대를 두지만 글은 아니다. 쓰는 글의 상대가 어디에 존재하는지 무슨 생각을 하고 어떤 감정 상태인지 알기 어렵다. 아마도 젊은 날 戀書가 번번이 실패한 것은 이런 사정을 모르고 써 보냈기 때문일 것이다. 막연한 불쏘시개로 피운 모닥불이 언제 나를 불태울지 두렵다. 상대방 표정 스위치로 바로 끌 수 있는 말하기와 다르게 글쓰기 불의 소화기를 모르니 무서움 열매로 영근다. 꺼지지 않은 불씨가 정처 없이 불어오는 바람을 안고 언제 큰 불로 번져 눈앞으로 달려들지 모른다. 어느 핸가 영동 지역에서 작은 불씨가 엄청난 화재로 번져 마을을 태우고 산림을 무차별로 헤집은 것을 보았다. 불의 편리함과 무서움이 한 몸이듯 글 조심을 해야 하는 게 아닐까 생각하니 글이 한층 무섭다.

　교수로 일하면서 인터넷상 글의 위험을 일찍이 겪은 바 있다. 학생들이 올린 글에 해명하는 댓글을 달았는데 일파만파로 걷잡을 수 없이 퍼져나갔다. 사실과 다른 이야기가 만들어지고 해당 사연과 관련된 사람도 아니면서 그 자리에 들어와 어설픈 짐작과 상상 모함의 글을 마구 써 댔다. 감당할 수 없었다. 상식과 논리도 양식과 예의도 없이 욕설에 가까운 비난과 사실과 다른 추측이 이어지는 비난 등이 쏟아졌다. 그야말로 악성 비난 댓글이 주를 이루고, 온전한 글은 자리 잡지 못하는 걸 지켜보았다. 경제학에서 "악화가 양화를 몰아낸다."는 것처럼 건전한 상식의 글을 불량하고 몰상식한 글이 몰아냈다. 당장 글 판을 떠나지 않을 수 없었다. 두고두고 화인처럼 깊게 상처를 남겼다.

　유명 대학 교수로 활발하게 SNS에 글을 올렸던 사람이 자신이 쓴 글로 한없는 곤욕을 치르는 걸 전 국민이 지켜보았다. 남을 향한 글들이 자신을 향하게 될 줄 몰랐을 것이다. 아마도 글의 무서움을 모르고 썼거나 알았더라도 설마 자신에게 독화살로 돌아오리라 영악한 그조차도 상상하지 못했으리라. 그의 등에 꽂힌 독화살을 보면서 또 한 번 글의 무서움을 깨우쳤다. 페이스북이 유행하던 초기에 잠시 들려본 적이 있었다. 작은 일상 동정도 어느 순간 전혀 낯선 타국의 누군가에게 알려질 수 있다는 사실을 알자 두려웠다. 탈퇴할 줄 몰라 바로 올리는 걸 중지하였고 다시 들어가 본 적 없다. 아주 오래 전 일로 기억할 뿐이다.

　대중적 카카오톡도 한 동안 하지 않았다. 이런 저런 모임이 생기면서 어쩔 수 없이 가입했고 활용했다. 일부 사람들이 취지에 걸맞지 않게 그걸 사용하는 걸 여러 번 보았다. 참으며 견뎌 보다가 탈퇴한 모임도 여럿이다. 외딴 섬에 유폐된 암굴 왕처럼 살 수 없는 요즘이라, 그래도 "까톡!"하는 걸

죄다 재활용 쓰레기처럼 내다버리지 못하고 불쾌하지만 동거할 밖에 없다. 보아 달라고 애걸하며 매달린 번호를 끝내 외면할 만큼 냉혹하지 않다. 견디다 못해 보기는 하지만 응답 글도 마지막에 몰렸을 때 한 마디만 매정하리만치 짧게 끊어 쓴다.

 SNS 글은 수정하기 어렵다. 한 번 올린 글을 보는 사람이나 쓴 사람이 다시 그것을 읽을 일은 없기 마련이다. 잘못 쓰고 나서 다시 고치기도 어려워 글 올리는 걸 주저하게 한다. 한 번도 수정할 기회가 없는 글, 끔찍한 일이다. 인터넷 블로그나 카페에 올리거나, 잡지나 책에 발표하는 내 글은 여러 번 고친 거다. 인터넷에 쓴 글도 올리고 나면 끝이 아니다. 때때로 다시 들어가 읽고 고칠 것이 보이면 바로 고칠 수 있다. 이미 읽고 다시 읽지 않는 사람은 어쩔 수 없지만 새로 들어와 읽는 사람은 조금 더 온전한 글을 읽게 될 가능성을 열어 둔다. 인터넷엔 글을 올리고 문제가 있으면 다시 수정할 수 있다는 점이 두려움을 줄인다. 그나마 SNS 보다 훨씬 부담이 적은 덜 무서운 글쓰기다.

 활자로 발표하는 글은 더욱 더 조심스럽게 여러 번 고치고 고친다. 그런데도 잡지에 활자화된 다음에 다시 읽게 되면 또 눈에 뜨인다. 셀 수도 없이 수정한 글인데도 이따금 잘못을 발견하니 언젠가 기회가 오면 수정하리라 마음에 담아두는 수밖에 다른 도리는 없다. 어떠한 글이라도 완벽할 수 없다는 게 생각만이 아닌 단단한 나만의 신념이다. 설혹 다른 이의 글은 모르겠지만 내 글만은 이 관점에서 한 치도 빗나가지 않는다. 솔직하게 밝히면 이곳저곳 발표하는 내 글은 여러 번 고치다 지쳐버린 글이다. 완성된 글이 아니라 수정 중지 상태의 글이 옳은 정의다. 아니면 마감 시간에 쫓겨 더 이상 시간 낼 수 없을 때, 수정 불가할 때 멈춘 글이 바로 내 글인 셈.

 어찌 보면 일반인과 다르게 많이 쓰고 발표한 턱이지만 갈수록 글이 어려우면서도 무섭다. 글이 어렵다는 말은 쓰고 발표하는 글에 대해 자신이 없다는 다른 표현 같은 뜻이다. 힘들고 어렵더라도 삶을 가꾸어가야 하듯 글쓰기를 멈출 수는 없다. 인터넷이나 활자로 독자에게 다가간 글은 여러 번 고쳐서 발표했지만 다시 보면 허점이 적잖다. 돌아보면 살아온 인생에 실수와 후회투성이란 점과 한 짝이다. 어렵기만 한 인생인데 무서움까지 짊어지며 살고 싶지는 않다. 어려운 글은 쓰겠지만 무서운 글은 쓰고 싶지 않다. SNS를 자주 피하려는 나만의 이유라, 거기에 자주 등장하지 않는다 해서 비난하거나 무성의하다고 흉보지 말기 바란다. 나와 이래저래 얽힌 사회관계망 여러분이시여!

책! 세상을 채우고, 독서! 세상을 넓힌다

그는 작가인가

　신문과 방송에 자주 등장하는 유명인사가 자신은 작가라고 하니 과연 그가 쓰는 '작가'라는 말이 옳은가 살펴보자. 네이버 사전을 검색해보니 작가란 "문학 작품, 사진, 그림, 조각 따위의 예술품을 창작하는 사람"으로 정의한다. 그가 내세우는 작가라는 용어는 이 사전 정의에 따르면 맞지 않는다. 자신을 그렇게 불러 달라 하고 저서에 그리 표기했으니 달리 어쩔 수는 없지만, 이른 바 작가라면서 사전의 말뜻까지 왜곡하는 것이 아닌가 싶다.
　요즘엔 작가는 굉장히 넓은 뜻으로 쓰인다. 보기에 따라선 쉽게 쓰고 책까지 낼 수 있는 세상이니 너도나도 이 사람 말대로라면 작가되기 무난하다. 이곳저곳 여행하고 체험한 것을 엮어낸 사람을 여행 작가라고 호칭하는 것도 자주 본다. 이런 방식이면 농촌 생활을 책으로 엮어내면 농촌 작가나 농업 작가, 귀향하여 전원생활을 책으로 내면 귀향 작가나 전원 작가라고 해야 하나 모르겠다. 이처럼 작가란 단어를 과용하면 자서전이나 회고록을 쓴 사람은 뭐라 일러야 할까. 자서전 작가? 회고록 작가? 학술 서적을 내는 사람은 학술 작가, 학문 작가라고 해야 하나? 말이야 쓰자고 하는 것이고 이리저리 쓰이다 보면 다양한 뜻으로 전환되는 것은 말을 조금이라도 공부한 사람이라면 다 아는 일이니 새삼 거론할 것은 없지만, 약간 혼란스럽다.
　보편 의미에서 '작가'란 사전 정의처럼 글에선 문학 작품, 곧 시와 소설, 희곡과 수필, 시나리오와 비평을 쓰는 사람을 가리키는 걸로 이해한다. 여행 작가는 그래도 막연히 작가라고 내세우기보다 그 앞에 수식하는 말을 붙여 의미를 명확히 밝히니 조금 낫다. 보편 명사인 '작가'보다 하위 개념을 분명하게 표시한 것은 얼마간 수용할 수도 있다. 작가란 보통 명사 앞에 '사진작가, 희곡 작가(극작가), 르뽀 작가, 전기 작가 등'처럼 말이다. 방송계에선 방송 작가라고 많이 쓰는 데까지는 얼마간 양해하고 통용되는 것으로 보면 그렇다.
　이와 유사하게 특히 정치권에서 많이 쓰는 말 중에 "소설 쓰지 말라."도 문제다. 아마도 이들은 소설이 사실성보다 허구성이 장르 핵심이라 인식하고' 소설 쓰지 말라'고 둘러대나 보다. 소설은 허구가 근간이지만 모두 거짓으로만 일관하지 않는다. 전체 성분을 정확하게 식료품의 성분 표시하듯 밝힐 수는 없지만, 대부분 일반 소설에도 사실에 해당하는 부분이 적지 않다. 다시 말하자면 소설에서도 사실에 해당하는 부분이 상당하고, 그런 사실에 입각하여 거짓의 일종인 허구를 특수한 기법으로 사용할 뿐이다. 사실에 보다 충실한 소설은 실록 소설이라 부르기도 하고, 자전 소설도 적지 않은 게 그렇다. 말하자면 소설이라고 모두 허구(거짓)에만 의존하지 않는다. 당신 말은 거짓이라는 걸 빗대어, 소설 쓰지 말라고 둘러대며 공격하는데 마구 쓴다. 결코 옳지도 않고 바람직하지도 않다.
　소설 쓰는 사람을 소설 작가, 곧 소설가로 부른다. 시를 쓰는 작가를 특별히 시인으로 부른다. 시인과 소설가, 수필가와 극작가, 시나리오 작가의 상위 범주 공통어는 바로 작가다. 사전에서 정의한 작가는 문학으로 한정하면 위와 같다. 문학 작가이면서도 문학이 아닌 일반 산문 글을 쓰는 사람은 저술가로 써야 옳다. 이런 저런 책을 낸 저술가이면서 작가라는 말을 쓴다면 그건 일종의 표절이다. 문학 글을 쓰지 않은 사람, 곧 작가가 아니면서 그런 글 쓴 사람에 해당하는 명칭을 이유도 제대로 밝히지도 않고 가져다

썼으니 말이다. 아마도 작가란 말을 쓰면서 그는 작가는 거짓말(소설에서 허구)도 하니 자신은 이러저런 형태의 거짓말을 해도 허용이 되는 작가라고 둘러대는 건 아닌지 모르겠다.

진짜 작가는 글에서 허구, 이른 바 거짓말을 할 수는 있으나 일상생활에서 허구로 말하지 않는다. 작품과 일상 공간을 구별해 작가는 말하고 쓴다. 이 상식을 벗어나 현실에서도 허구인 거짓말을 일삼는 작가가 만약 있다면 엉터리 작가거나 참다운 작가라 할 수 없다. 작품 쓸 때와 세상 살아갈 때를 분리하는 게 정도이고 원칙이다. 문학 작가들도 사실 체험에 바탕을 둔 글을 쓸 때는 산문집이나 에세이집으로 구별하여 표시하지, 허구라고 인정하여 읽는 시집이나 소설이라고 표시하지 않는 것을 보면 잘 알 수 있다.

누구라도 편하게 맘대로 쓰는 말이 된 문학 작가가 되는 길은 통상 둘이다. 신문사에서 매년 초에 화려하게 벌이는 신춘문예로 작가 자격을 얻는 길, 또 하나는 국가 기관에 정식 등록하여 발행하는 각종 문학지에서 심사위원 심사를 통과하여 추천받아 작가로 인정받는 길 뿐이다. 신문과 잡지에 따라 능력이 부족한 사람이 작가란 자격을 얻고 행세하는 경우가 더러 있어 그 부작용과 폐해를 걱정하는 경우도 적지 않다. 그렇지만 그것은 그런 사람에게 자격을 주고 활동하게 길을 열어준 신문과 잡지사에 책임이 있다. 하지만 이 작가로 등장하는 길 자체에 문제가 있는 것은 아니다. 다만 얼마나 훌륭한 자질의 작가를 새로 발굴하고 후원하고 발전할 수 있게 하는가의 과제가 남을 뿐이다. 자질에 문제가 있는 작가는 그 안에서 자체 정화하고 걸러내는 일이 작동하도록 서로 협조하고 관심을 갖고 해결해나가야 바른 길이다.

이러한 방식을 거치지 않고 아무나 작가라고 내세우고 활동하도록 허용하는 것은 결코 바람직하지 않다. 비유하자면 국가가 정식 인가한 학교를 마치지 않고 학력을 표시하는 것과 같이 위조 행위다. 경우에 따라선 허위 학력 사실을 공표하면 처벌도 받는다. 물론 정식으로 학교를 다니지 않고도 그 사람보다 더욱 뛰어난 실력을 갖고 각 분야에서 일하는 사람도 많다. 하지만 그렇다고 그가 어디 학교를 졸업하였다라고 표기하거나 학위를 가졌다고 거짓으로 행세하는 것은 옳지 않다. 간혹 사회 저명인사 중에 위조 학력으로 활동하다가 그것이 드러나는 경우를 가끔 본다. 이런 행위는 표절 논문처럼 부도덕하고 파렴치한 일이다. 거짓 학력을 내세우지 않고 자기 실력만으로 당당히 활동하는 사람이 더 많은 게 현실이다. 이런 관점에서 보면 사실 작가가 아니면서 작가라고 일종의 허위 표시를 하는 일은 문제가 적지 않다.

작가라고 표가 나게 내세우길 즐기는 유명인의 저술 목록을 보니, 문학 작품은 한편도 없다. 자신이 섭렵한 지식과 경험을 다양하게 담아낸 책이 대부분이다. 특정 분야별 과학 지식인 학술서도 아니고, 이것저것 잡다한 지식과 정보가 섞인 글, 저자를 소개하는 '지식소매상'이라는 표현대로 각종 지식을 소매하기 위한 비문학 글을 담은 책, 한 마디로 '지식과 경험 잡문'에 속한다. 정확히 표시하자면 여행 작가처럼 '잡 지식 작가'나 '잡 경험 작가'가 바른 명칭이다. 달리 표현하면 '지식과 경험 소매 작가'쯤 되지 않을까. 그런데도 앞의 수식어는 안 붙이고 그냥 작가라고 내세운다. 책 소개란에도 경제학자(독일에서 경제학 석사학위를 받았다고 함), 국회의원과 장관을 역임했는데 '작가'로 돌아왔다라고 밝힌다. 이대로라면 그가 작가라고 자타가 인정하는 셈이라, 이처럼 자신을 소개하는지 알 수 없다.

진짜 작가들, 이른 바 문인들이 나서서 함부로 잘못 쓰는 작가라는 명칭을 쓰지 말라고 독점 사용을 주장할 수도 없고, 그런 말을 쓰는 것을 법으로 정하거나 소송하여 제한할 수도 없는 일이다. 작가가 되기 위해 수많은 노력과 절차를 거친 사람들을 한 편에선 모욕하는 일이 되니 그런 말을 이제 안 썼으면 좋겠다. 괜히 이렇게 오용된 의미로 말을 쓰는 사람 때문에 진짜 작가들이 이상한 인상(소설 작가는 거짓 글 써도 되는 거짓말쟁이)을 받는 것 같아 불쾌하고 언짢기 짝이 없다. 그는 사전 의미와 상식으로 볼 때 작가는 아니고 일반 저술가(글이나 책 따위를 쓰는 일을 업으로 하는 사람. 네이버 사전)일 뿐이다.

등화가친(燈火可親)
가을은 독서의 계절이라는 말로 등불과 친하게 한다는 것이다

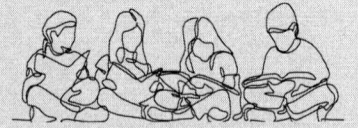

신헌재 전 한국교원대학교 교수, 문학 박사

세대 간의 대화 부재가 낳은 비극

어린이와 청소년의 달, 5월의 문턱에서 한 초등학교 어린 소녀가 학교에서 본 기말평가 성적이 저조하다고 아파트 15층에 올라가 떨어져 죽었다는 소식입니다. 이 소식에는 시험성적을 비관한 죽음이 중고등학교 학생들로부터 초등학교 어린이에게까지 파급되었다는 점 외에도 특기할 사실이 있습니다. 그것은 다름아니라 이런 종류의 자살은 흔히 남모르게 혼자서 저지르는 것이 상례인데, 이번 사고는 놀랍게도 여러 급우들이 지켜보는 가운데 나보란듯이 공개적으로 치루어졌다는 점입니다.

고작 열 두 살 밖에 안된 이번 사고의 주인공은 본래 집안의 막내둥이로 자라서 성격도 쾌활하고 명랑한 편이라 어느 면에서도 이런 사고를 저지르기에 어울리지 않을 아이였답니다. 아마 외향적인 성격이었기에 시험 성적 저조에 따른 자살 충동을 느꼈을 때에도 혼자 가슴에 담아두지 않고 제 짝과 급우들에게 공공연히 이야기를 할 수 있었을 것입니다. 문제는 이 때 이 아이의 대화 상대가 좀더 슬기롭게 이 자살충동을 잠재울 수 있는 어른이 아니라, 고작 제 또래의 아이들로 한정되었다는 점입니다.

우리들은 흔히 제 목숨을 걸 만큼 심각한 고민과 갈등에 빠졌을 때, 평소에 내 마음을 알아줄 가장 가까운 대상을 찾게 마련입니다. 신앙을 가진 이들은 그리스도가 십자가의 고난이 임박했을 때 하나님께 혼신을 기울여 기도했듯이, 전적으로 하나님께 매달려 부르짖었을 것입니다. 그리고 거기서 큰 위로와 힘을 얻고 역경을 극복해낸 크고 작은 체험들이 자칫 산산조각 날 것 같던 그들의 삶과 신앙을 지탱해주는 거멀못이 되고 있기도 합니다.

이렇게 자립적인 어른이 되더라도 삶의 위기에 처했을 때는 대화의 상대나 정신적 지주를 찾게 마련인데, 이 열두살 짜리 소녀 아이는 그의 여리디여린 삶의 첫 위기를 당했을 때 이를 감당할 힘을 얻을 곳을 어디서도 찾지 못한 것입니다. 인생의 걸음마 단계에 있는 이 아이의 손을 잡아주고 어설픈 발걸음을 인도할 자상한 손길이 어디에도 없었다는 이야기입니다.

만일 이 아이가 평소에 부모님이나 학교선생님과 같은 주위 어른들과 원만한 의사소통관계가 이루어졌더라면 죽고 싶다는 제 심정을 제 반 아이들에게만 이야기하고 말지는 않았을 것입니다.

'이런 이야기를 해봤자 어른들은 바쁘다고 듣지도 않으실테지, 듣는다고 해도 이해는커녕 무시하고 화만 내실 거야. 너 같은 꼬마가 힘들다면 얼마나 힘들다고 바쁜 내 시간을 빼앗으려 드느냐고! 아니, 무엇보다도 나를 공부도 못하는 바보라고 상대나 하실까?'

이 아이는 아마 이런 선입관을 가지고 아예 어른과의 대화를 생각도 안 했을 것입니다.

문제는 이 아이에게 이런 선입관을 갖게 해서 어른들과의 대화를 가로막게 한 점이 아닐까요? 평소에 우리 어른들이 아이들을 하나의 인격체로 존중하고 대화의 상대로 끌어들이며 그들의 개성을 이해하려는 성의를 보였더라면 이처럼 어른들과 일언반구의 말도 없이 일을 저지르지는 않았을 것입니다. 그리고 이 아이가 자살하겠다는 이야기를 듣고 따라간 여러 아이들 중에 단 한 명이라도 이런 위기상황에 대해 주위 어른들에게 달려가 의논할 생각을 했을 것입니다. 결국 이 아이의 죽음은 어른과 아이들과의 대화부재

풍토에서 온 것이라해도 과언은 아닙니다.

청소년의 달을 맞이해서 우리는 우선 세대 간의 원만한 의사소통체제가 갖추어졌는지 점검하고 대화부재로 인한 제2, 제3의 이런 비극이 생기지 않도록 최선을 다하는 것이 선배된 우리의 도리가 아닌가 하는 생각을 새삼 해보게 됩니다.

국민의 독서지수, 국가의 희망지수

스승의 날을 생각하며

　사람들 사이에서 혈연관계나 이성관계를 초월하면서도 그 못지않게 깊은 인간관계로 맺어질 만한 것으로 두 가지를 꼽아보라면 친구 관계와 사제 관계를 들 수 있겠다. 이 가운데서도 특히 우리 동양에서 전통적으로 부모·자식 관계에 견줄 만큼 귀한 것으로 여겨온 것이 바로 이 사제 관계가 아닌가 한다.
　적어도 우리 선조들은 스승이 된 이는 제 살과 뼈를 깎아주는 심정으로 제자를 키워낼 뿐 아니라, 자식에게 재산을 물려주듯이 자신의 모든 정신적 유산을 아낌없이 물려주는 것이 당연한 줄로 알았다. 또한 제자 된 이는 마음을 열어 스승의 가르침을 소중히 받아 되새기며 부모에게 하듯이 공경을 다하는 일을 제자된 이의 마땅한 도리로 알았다.
　그런데 선대로부터 물려받은 바, 이런 귀하고 아름다운 사제 관계의 미풍이 지금은 어떻게 되었나요? 그리고 이 사제 관계의 미덕이 가장 빛을 발해야 마땅할 스승의 날 풍속도는 또 어떤가요? 자식을 특별히 잘 보아달라는 부모의 대가성 촌지가 오가는 바람에 학교 현장의 사제관계가 혼탁해지기 시작하더니, 언론사 기자들은 스승의 날이면 탐정처럼 학교 주변을 돌면서 선물꾸러미가 없나 하고 승용차를 살피러 다니기까지 했다. 그러자 각 시도 교육청과 학교 당국은 불미스런 일을 미연에 방지한다고 스승의 날만은 금품과 화환은 물론 외부인사의 교문 출입을 막는다든가, 아예 이 날을 임시휴업일로 삼는다든가 하는 데까지 이르기도 했다.

중고등학교에서는 대학에 붙고 보자는 학생 학부모의 조급함과 더불어 사교육의 침해로 인해 사제 관계는 점차 지식의 상거래 관계로 전락할 위기에 빠진 지가 오래 되었죠. 또 대학은 대학대로 불신풍조와 피해의식이 만연한 가운데, 급기야는 일부 교수들로부터 제자에게 저버림을 받을까봐 아예 정을 주기조차 꺼려진다는 말을 할 정도이고, 경우에 따라 제자는 스승을 존경하기보다는 비판하는 것이 동료 학우들 사이에 더 똑똑하게 여김을 받는 지경에까지 이르렀다고 하니 참으로 안타깝기 짝이 없는 노릇이다.

스승의 날은 바로 이런 세태에서 사제관계의 회복을 촉구하는 날이 되어야 한다고 본다. 그리고 본래의 사제관계를 회복하기 위해서는 제자보다 먼저 우리 가르치는 이들이 앞장서서 그들에 대한 신뢰와 사랑을 베풀어야 하지 않을까 한다.

이번 스승의 날을 지내면서 다시금 어느 신부님이 지었다는 다음과 같은 교사의 기도문을 음미하면서, 하나님 앞에 보다 바로 선 스승이 되기를 서원하는 마음으로 옷깃을 여며 본다.

오, 주님 제가 교실에 들어갈 때에 제게 힘을 주시어
보다 유능한 교사가 되게 해주소서.
제게 지식 이상의 지혜를 주시어
제가 준비한 지식을 아는 데 그치지 말고,
제게서 배우는 학생들의 삶의 중요성을 깨닫게 해주소서.

배반자의 쌀쌀한 얼굴도 마다 않으신 당신의 그 친절을 제게도 주시어

가면 뒤에 숨은 젊은이의 고독한 영혼을 보게 해주소서.
저희에게 당신의 인내를 주시어 실패해도 낙심말게 해주소서.
그들에게 당신을 전하기 위해서라도
이 땅 위에 오셔서, 완고한 인간들 가운데서
일하다 가신 당신을 본받게 하소서.
제게 통찰력을 주시어 저는 어른이지만
이 젊은이는 저만큼 자제력도 없으며,
그 원하는 바도 다르다는 것을 바로 인식하게 해주소서.
학생들을 훈육하되, 언제나 친절을 잃지 않게 해주소서.

가르치면서도 배우게 해주소서.
모든 지식을 다 갖추더라도 사랑이 없으면 제게 아무 유익이 없사오니
사랑을 꼭 실천해야 된다는 것을 배워 알게 해주소서.

젊은이들이 제게서, 당신의 모습을 찾아 볼 수 있게 될 때에
저는 가장 훌륭한 교사가 된다는 것을 배워 알게 해주소서.
젊은이들에겐 천국에 이르는 길을 제시해 주면서도
정작 저자신이 그 길에서 벗어나는 일이 없도록 해주소서.

주여, 마지막으로 제가 받을 최대의 보상은
여기서가 아니라 저 세상에서라는 것을 깨닫게 해주소서.
이 땅 위에서 당신을 빛낸 공로로
제가 가르친 학생들과 함께 저도 천국에서
별처럼 빛내리라는 것을 알게 해주소서.

형설지공(螢雪之功)

꾸준하고 부지런하게 학문을 닦는 공을 말한다

유양근 전 강남대학교 교수, 이학 박사

후회 없는 삶

우리가 살고 있는 삶의 현장 모습은 각양각색으로 다양한 삶이 존재하고 있다. 즐겁게 행복을 느끼며 사는 사람도 있지만 어렵고 힘들 일을 하면서 자신의 처지를 불행하다고 생각하며 사는 사람도 있다. 어떤 형태의 삶이라도 대부분의 사람들은 희망이 있고 걱정없이 신바람 나게 살기를 원한다. 이러한 삶이 되려면 우선 자신이 하고 있는 일에 보람과 행복을 느끼는 삶이 되어야 한다. 자의든 타의든 어쩔 수 없는 주어진 환경에서 원하지 않는 일을 하게 되면 행복한 삶이 어려울 것이다. 어렵고 힘들다고 해서 자신의 처지를 원망하며 인생을 포기하며 사는 것은 불행을 자초하는 삶이다.

특히 젊었을 때에는 힘들고 어려운 일이라 해도 쉽게 포기하지 말고 용기를 갖고 도전하는 정신을 가지며 살아야 한다. 행복한 삶은 반드시 좋은 환경에서만 얻어지는 것은 아니다. 주어진 환경이나 여건이 좋지 않다 해도 이를 극복하려는 의지가 있어야 한다. 어떤 어려움이 있다 해도 실패를 두려워하지 말고 자신감을 갖는 것이 중요하다. 우리 주변에는 어려운 환경에서도 십전팔기 성공한 사람도 많이 볼 수 있다. 실패는 성공의 어머니라는 말이 있듯이 젊었을 때는 실패도 체험해보는 것이 좋다고 한다. 실패가 무서워 하고 싶은 일을 하지 못하고 중도에 포기한다면 젊은이답지 못한 행동이다. 젊음만 내세워서 치밀한 계획도 없이 무조건 실천하라는 말은 아니다. 우리 인생은 살아가면서 잘못 선택하고 판단하여 후회하는 경우도 많이 있지만 젊음의 장점은 진취적이며 씩씩하고 굳센 기상을 지닌 기백과 용기가 있다는 것이다. 기백과 용기가 부족해서 기회를 잃어 후회하는 경우도 있다. 평생 기다리던 이상형을 만났지만 용기를 내지 못해 놓치거나 배우고 싶은 것이 있었지만 시간이 없다는 핑계로 차일피일 미루다가 결국은 배우지 못한 일도 있다. 과감히 도전하지 못해 꿈을 포기하고는 큰 아쉬움과 후회를 하게 된다.

   젊음의 기백을 가지고 일을 추진하고 실행 할 때는 몇 가지 유념할 일이 있다. 자기 탐욕을 위해 거짓과 사기 행각을 통해서 남에게 피해를 주는 행동을 해서는 절대 안된다. 더욱이 부모님과 가족에게 상처를 주는 말과 행동은 하지 말아야 한다. 인간의 기본적 윤리나 도덕성은 사람이 사는 동안 지켜야 할 덕목이다. 우리는 언제 무슨 일이 일어날지 모르는 것이 인생이고, 인간 세상의 현실이다. 한치 앞도 모르는 것이 우리 인생이다. 우리가 사는 동안 예기치 않은 일이 많이 발생한다. 희비가 교차하며 삶과 죽음의 기로에 서기도 한다. 이런 일이 있을 때 마다 개인적으로 강한 삶의 의지와 희망을 가지고 어려움을 극복해 내는 사람이 있는가 하면 쉽게 포기하고 체념하는 사람도 있다. 견딜 수 없는 심한 질병으로 죽음이라는 갈림길에서도 희망을 버리지 않고 살 수 있다는 강한 의지와 믿음을 갖고 힘든 치료를 이겨내며 극복한 사람도 있다. 이런 사람들은 질병으로 고통하는 사람들에게 희망을 주기도 한다. 우리는 사는 동안 질병 뿐만 아니라 고통받는 일이 수없이 많다. 정도의 차이는 있지만 부자이건 가난한 자이건 권력이 있건 없건 남녀노소를 불문하고 고통을 경험하지 않은 사람은 없을 것이다. 어떤 어려움이 닥친다 해도 희망이 있는 사람에게는 기적을 체험하는 경우가 종종 있다. 희망이 없는 삶은 고민하고 실망하며 살기 때문에 행복감을 느낄 수 없어 불행하게 살 수 밖에 없다. 우리가 사는 동안 돈이 없다가도 생기는 것처럼 항상 불행하기만 하는 것은 아니고 행복할 때도 있다. 몸의 건강도 좋다가 나쁘다가를 반복한다. 언덕길도 오르막이 있으면 내리막이 있다. 힘들지만, 꾸준히 걷다보면 평지도 나타나고 내리막길도 만나게 된다.

우리가 사는 동안 괴로움은 모두 자신의 행복만을 바라고 해결하고자 할 때 생기며, 행복은 자기만을 위하는 것이 아니라 남의 행복을 위해서 노력하며 보람을 느낄 때 비로소 참다운 행복감을 가질 수 있다.

물질적으로 풍족하지 않지만 나보다 어려운 사람과 나눌 수 있고 베풀 수 있는 데에서 얻어지는 행복감이 진정한 행복이 아닌가 하는 생각이 든다. 나 자신 내 가족 보다는 남을 먼저 생각하며 사는 것이 아름답고 거룩한 삶이요 진정한 행복의 삶이라 생각한다.

항상 감사하는 아름다운 마음으로 사는 사람은 다른 사람을 원망하거나 질투하며 비난하는 부정적인 생각을 갖지 않는다. 감사하는 마음으로 살아가는 사람은 다른 사람의 아픔을 공감하고 다른 사람의 슬픔을 이해할 수 있기에 같이 아파해 주고 아픔을 위로해 줄 수 있고 다른 사람의 슬픔을 같이 슬퍼하고 슬픔을 나누는 가운데에서 행복감을 느낄 수 있기 때문이다

지금은 내가 무언가 부족하고 어려움이 있다고 해도 어떻게 극복하는지에 따라서 달라질 수가 있다. 그 기준에 의거하여서 새롭게 도전하고 이겨내야 한다. 누구나 그 기준점에서 나아가는 방향은 차이가 있기 때문이다. 지금은 내가 희망이 없고 무언가 부족하고 힘들어 보여도 새로운 희망을 가져보면 해결의 실마리가 나타난다. 그리고 진실 되게 가치 있게 하루하루 노력하다 보면 언젠가는 좋은 기회가 온다고 생각한다.

어떤 어려움이 내 주변에서 일어난다 해도 쉽게 좌절하고 낙망하기 보다는 희망을 갖고 힘을내서 열심히 살다보면 길이 보일 수 있다. 고통은 축복의 통로라는 말이 있다. 고통도 어려움도 인생의 과정에 일어나는 삶의 한 형태라고 생각한다. 무난한 삶보다는 고통스러운 삶도 한번 살아봐야 어려움을 극복하는 능력을 기를 수 있기 때문이다.

우리가 살아가면서 사람답게 살아간다는 것이 그리 쉬운 일은 아니지만 그래도 우리는 참다운 사람이 되도록 선하고 바르게 살아가야 한다. 진실하고 정직하여야 하며 범사에 감사하며 이웃을 사랑하며 누구에게나 겸손함으로 친절하여야 한다. 언제나 감사하는 마음으로 살아가는 사람들은 자기 자신을 낮출 줄 아는 겸손함이 있기에 이타적인 삶을 살아갈 수 있는 것이다. 매일 식사를 거르지 않고 먹을 수 있고 매일 아침에 건강한 모습으로 잠에서 깨어 일어나는 것도 지극히 감사한 일이다. 가슴에 손을 얹고 보아도 그동안 살아온 과정이 어수룩하고 누구에 내놓을 만하게 한 일이 없는 것 같다. 사람은 나이를 먹고, 죽을 때가 되면 지나온 일생을 회고하면서 보편적으로 베풀지 못한 후회, 참지 못한 후회, 행복하게 살지 못한 후회 등 세 가지라고 한다. 사는 동안 후회할 일이 없이 살아왔다면 이보다 더 좋은 행복한 삶은 없다. 이미 저질러진 후회스러운 일은 사람에 따라 다르겠지만 기회가 주어진다면 반성도 하고 그런 일이 반복 되지 않길 바란다. 우리가 공존하는 사회 속에서 서로 이해하고 베푸는 데에서 보람을 느끼고 어려움이 닥친다 해도 희망과 용기를 잃지 말고 할 수 있다는 확신을 갖고 후회 없는 삶을 통하여 모두가 행복한 사회를 만드는데 함께 하길 바란다.

내 손의 책, 내 삶의 빛

4차 산업시대의 변화와 대응 전략

 이세돌 바둑 프로와 인공지능 로봇 알파고의 바둑대결 이후 4차 산업혁명의 주산물인 인공지능의 관심은 세간의 주요 관심사가 되었고 생각보다 인공지능 로봇이 급속도로 성장하고 있다. 최첨단 디지털 융합기술은 머지않아 인간의 능력을 대체할 수 있는 인공 로봇을 생산함으로 인하여 인간의 직업과 생존을 위협하게 될 것이다. 이제 인공지능시스템은 우리 생활에 적용될 만큼 발전을 하고 있으며 모든 분야에 도입되고 있다. 우리는 이제 기계와 인간의 무한경쟁 시대가 펼쳐지고 있어 기계와의 경쟁에서 생존하기 위한 변화와 대응전략을 요구받고 있다. 4차 산업혁명의 대표 기술 분야는 인공지능, 로봇공학기술, 사물인터넷, 웨어러블 인터넷, 스토리지, 무인자동차, 나노공학, 바이오공학 등을 들수 있으며, 이 기술들은 상호 융합과 공유를 통해 새로운 사회의 변화를 가져올 것으로 예상된다.
 이러한 기술의 발달은 초연결성, 초지능화, 초융합이 가능하다는 전제 하에 이루어진다. 따라서 우리 사회는 사물인터넷으로 모든 디바이스가 디지털화됨에 따라 사물과 인간, 사물과 사물 간이 자유자재로 연결되고 정보를 공유하게 됨으로 우리의 실생활을 편리하게 한다 우리는 사물인터넷을 통해 공간의 제약을 받지 않고 소통을 할 수 있게 됐고, 컴퓨터 기능의 디지털 장치를 자유롭게 착용하는 융합컴퓨팅 기술로 일상생활에 필요한 각종 디지털 기기나 기능을 의복에 통합시킨 웨어러블 컴퓨터(wearable computer)의 발달로 웨어러블이나 스마트 센서 등의 제품들이 상용화 될 때가 오고 있어 머지 않아 우리 삶의 생활을 이롭게 해주는 편리한 시대에 살고 있다. 웨어러블은 4차 산업혁명의 대표적인 작품들로서 우리사회에 엄청난 돌풍을 일으키고 있다. 4차산업의 산물로 등장한 여러가지 제품들은 해결해야 할 윤리 문제가 남아있지만 무인 자동화 시대를 이끌어 갈 주역이 될 것이라는 점에는 아무도 이견이 없을 것이다.

인공지능의 발달과 기계 학습을 통해 로봇이 인간 수준, 혹은 인간 수준을 뛰어 넘는 지능을 가지며 우리의 실세계와 생활 곳곳에 인공지능 로봇이 활동하고 있다. 이러한 4차 산업혁명 시대에는 경계가 자연스럽게 허물어지고 물리적, 생물학적인 모든 분야에서 대융합이 이루어지고 있다. 미래 시대는 로봇이 지배하는 시대가 될 것으로 본다. 대부분의 직업이 사라질 위험이 커서 실업자가 대거 발생 할 수 있어 이에 대한 정책은 물론 대응 전략이 필요하다.

4차 산업 주역인 인공지능 로봇이 개발 되면 우리사회는 두발로 걸어 다니는 인공지능 로봇시대가 됨으로 인공지능 로봇이 인간 사회를 지배하게 될 수도 있다. 생각해보면 미래가 무서운 세상일 수도 있다. 인공지능 로봇은 스스로 알아서 밧데리 충전을 하게 되고 모든 것을 인간처럼 스스로 판단하고 행동하는 인간형 로봇이 도시를 활보하고 다닐 것이다.

전쟁도 인간지능로봇들이 일으키고 싸울 것이다. 인공지능 애완견, 인공지능 애완 고양이를 파는 마켓도 생기지 않겠나 하는 생각도 든다, 인공지능 로봇을 경호원으로 데리고 다니는 시대가 될 수 있다.

교육현장도 대변화가 일어나지 않으면 안된다. 제4차 산업혁명시대에 맞는 21세기형 인재를 양성하는데 더욱 중점을 두어야 한다. 의료계, 산업계,

직무 교육, 운송 분야 등에서 확연히 변화되는 모습을 볼 수 있지만 무엇보다 교육 분야에서도 학교 교육이나 직업 및 직장 교육을 막론하고 다양한 변화가 일어날 것으로 예상된다. 인공지능 로봇이 인간을 대체하는 상황에서, 로봇이 시키는 대로 사는 학생에 대해 교사의 역할도 이전시대와 달리 상당한 연구가 요구될 수 밖에 없다.

제4차 산업혁명의 태동하고 자동 무인화 시스템이 등장하면서 현재에도 많은 직업들이 사라지고 있다. 몇 년 전만해도 지하철에서 승차권을 판매하는 역무원이 있었지만 지금은 찾아볼 수 없다. 옥스퍼드 대학에서도 미국 대표 직업 704개에 대해 컴퓨터 기술로 대체될 확률이 높다고 하였으며 전체의 약 47%가 사라지는 것으로 나타났다. 우리나라 연구결과를 보면 지금 현존하는 직업들의 80%가 사라질 것이라고 전망하고 있다. 변호사·판사, 회계사, 세무사, 의·약사 등 선망 받는 직업이 다수 포함됐다. 인공지능이 단순 반복 노동뿐 아니라 지적 노동자도 위협하고 있는 것이다.

우리나라 고용노동부에서도 4차 산업혁명 대비 국가기술자격 개편방안을 확정 발표한 바 있다. 이에 따르면 새로운 노동시장 환경에 필요한 기술인력을 양성하기 위해, 17개 자격을 새로 만들고 올해부터 산업계 주도로 신설이 필요한 자격을 지속적으로 발굴하기로 했다.

현재 527개의 국가기술자격이 운영되고 있는데 4차 산업 관련 핵심 기술자격으로는 로봇소프트웨어개발기사, 로봇제어기하드웨어개발기사, 로봇기구개발기사, 3D프린터개발 산업기사, 의료정보분석사, 3D프린팅전문운용사 등이 신설됐다.

4차 산업혁명 도래로 많은 직업들이 없어지겠지만 새로운 직업들도 생겨난다. 시장 분석에 따르면, 자동화로 인한 판매원의 직업 대체위험도는 92%이지만 실제로 컴퓨터가 대체 가능한 인력은 4%에 불과한 것으로 조사됐다. 예를 들어, 전문지식이 필요한 경영 및 금융서비스 분야나 건축, 공학, 컴퓨터, 수학 등의 직군은 4대 산업혁명이 도래해도 오히려 일자리가 늘어날 수 있다는 것이다. 결국 미래 일자리의 핵심은 기계와 인간의 협업을 얼마나 창출해 내느냐에 달려 있다. 인공지능을 이용하기 위해 인간의 능력이 필수 조건이다. 따라서 없어지는 일자리를 걱정할 게 아니라 새로운 일자리를 만들어내는 노력이 요구된다.

제4차 산업혁명 시대에는 사물인터넷, 유비쿼터스, 인공지능 등 과학기술이 우리 삶 곳곳에 들어와 보편화되게 될 것이다. 사람과 기술, 과학과 인문학이 함께 조화를 이루는 융복합의 시대가 바로 제4차 산업혁명의 본질임을 깨달아야 한다. 융복합의 시대에 걸맞은 제4차 산업혁명 시대의 핵심 역량을 갖춘 인재를 양성하는 것만이 우리가 도태되지 않고 제4차 산업혁명이라는 큰 물결에 함께할 수 있는 대응 전략이다.

읽을수록 쌓여가는 지혜의 지층

바둑 대국에서 얻는 인생의 교훈

바둑에는 우리에게 주는 인생의 교훈과 철학적 의미가 있다. 그래서 바둑은 대국을 통하여 인생을 배우게 되며 겸손과 남을 존중하는 마음, 자기계발을 통하여 자아의 발전을 도모할 수 있는 신사적인 스포츠라고 말한다.

바둑과 관계되는 수많은 격언들이나 사자성어는 인생에 적용하면 도움이 될 수 있다. 수많은 바둑의 원리들이 있지만 승리를 탐하면 이길 수 없다는 뜻으로 부득탐승(不得貪勝)이라는 사자성어가 있다. 우리는 지나친 욕심으로 부를 얻으려고 했을 때 오히려 일을 망치는 경우를 주변에서 종종 보게 된다. 마음을 비우고 주어진 위치에서 최선을 다 하면 결과는 자연히 따르게 되는 것이 인간 삶의 이치이다. 부득탐승은 바둑 대국에서 승리를 지나치게 탐내어 바둑판 전체를 보지 않고 원하는 한부분에 집착해서 두게 되면 이길 수 없다는 의미이다.

대국의 승리는 무조건 전진한다고 얻는 것이 아니다. 위기 때는 기다리며 때로는 자기 돌을 과감하게 버리며 상대가 강한 곳에서는 겸손하게 응할 줄 알아야 한다. 바둑 대국에서 소탐대실(小貪大失)이라는 말이 있다. 어느 한 부분의 조그만 이익을 위하여 집중하고 있는 동안 큰 곳을 남에게 빼앗기고 있다는 의미이다. 우리의 인생 중에 전체를 보지 않고 별일도 아닌 작은일 가지고 다투거나 고집을 부리는 문제로 큰 것을 잃어 뒤늦게 후회 하는 경우도 있다. 작은 일은 큰일을 위해 과감하게 버리고 큰일을 성공하기 위해 인내를 갖고 기다리는 지혜가 필요하다.

바둑에서 소탐대실과 유사한 사소취대(捨小取大)라는 격언이 있다. 작은 것을 버리고 큰 것을 취하라는 뜻이다. 바둑에서 크고 작다는 말은 단지 돌의 개수가 많고 적음을 말하는 것만은 아니다. 상대방 돌의 연결을 끊고 있는 경우와 같이 전략적인 활용 가치가 높은 돌은 비록 돌이 한 개뿐이라도 죽여서는 안 되는 요석(要石)이 있다. 반면 비록 돌의 개수가 많더라도 활용할 가치가 없어진 돌은 폐석(廢石)이라고 하는데, 폐석은 무리하게 살리려고 하지 말고 빨리 버리는 것이 좋다. 바둑에서 내 돌을 버리는 것은 단순히 필요에 따라 버리는 소극적인 전략이 아니라, 상대에게 작은 것을 던짐으로써 더 큰 이익을 얻고자 하는 적극적인 전략으로 활용되기도 한다.

사소취대는 결국 '선택과 집중'이라는 전략의 요체를 말해주는 격언이라고 할 수 있다. 바둑 실전에서는 아무리 작은 것이라도 사석으로 버리기가 쉽지 않다. 사석을 포기할 수 있는 용기가 부족하기 때문이다. 사석(死石) 전략은 아픔을 감수하는 인내가 필요하다.

바둑과 관련된 사자성어에 신물경속(愼勿輕速)이라는 말이 있다. 바둑을 경솔하게 빨리 두지 말고 한 수 한 수를 신중하게 생각하며 두라는 조언이다. 물론 속기파도 있지만 지나치게 빠르게 두는 것은 수읽기의 부재로 인해 착각과 실수를 동반하기 쉽다. 그래서 프로 고수들은, 매 수마다 의미를 부여하며 한 수 한 수를 신중하게 둔다. 상대의 수에 따라 적절한 대응을 하여야 좋은 결과를 얻을 수 있기 때문이다. 바둑대국은 정확한 형세 판단이 매우 중요하다. 프로고수들은 정확한 판단을 위해서 주어진 시간을 최대한 이용하여 둔다. 상대 경우의 수 의도를 정확하게 파악하고 여러 경우의 수를 생각하면서 좋은 결과를 향해 한 수 한 수 깊게 생각하고 신중하게 두는 것이다.

 인생은 정말 불공평하다. 돈, 지위, 명예, 건강, 행운 등을 모두 갖고 있는 것으로 보이는 사람이 있는가 하면, 어떤 이는 불행한 환경을 가지고 태어난 사람도 있기 때문이다. 그러나 남녀노소 지위고하를 막론하고 누구에게나 평등하게 적용되는 것은, 하루에 24시간이 주어진다는 것이다. 이렇게 공평하게 주어진 시간을 소중하게 활용한 사람은 결국 원하는 것에 가까이 다가설 수 있지만, 허비하는 사람은 인생에서 아무 것도 달성하지 못하고 마는 것이다.
 바둑에서도 실력에 관계없이 흑과 백이 교대로 한 수씩 둘 수 있다는 점에서는 평등을 추구한다고 볼 수 있다. 그러나 소중하게 주어진 한 수를 잘 활용하는 사람은 승자가 될 수 있지만 매번 작은 곳에 집착해서 시간을 보내고 한 수를 허비하는 사람은 패자가 될 가능성이 높은 것이다.
 우리는 남의 허물은 보기 쉬우나 자기 허물은 보기 어렵다. 바둑에서도 남의 약점은 잘 보이지만 나의 약점은 잘 보이지 않는 경우가 많다. 상대의 대마를 추궁하다가 오히려 공격하던 내 돌들이 위태로워지는 경우가 허다하게 벌어지는 것이 아마추어들의 바둑이다. 그만큼 상대방의 입장에서 생각하기란 참 어려운 일이지만 바둑에서는 상대방을 공격하기 전에 나의 약점을 먼저 살펴보고 보강 후에 공격해야 무리가 없다. 입장을 바꾸어 생각해 보면, 상대방도 나의 약점을 찾아서 역습을 노리기 때문이다.

 바둑 대국이 끝나면 프로기사들은 대국 경과를 검토하기 위해 처음부터 다시 그 순서대로 벌여 반드시 대국 복기를 한다. 특히 패자 입장에서 복기를 통해 패인의 원인이 어디에 있는지 잘못된 수를 찾아본다. 여러 가지 경우의 수를 다시 펼쳐 보면서 패인의 수를 찾아 분석하기 위해 복기를 반드시 해본다. 복기의 목적은 대국자가 실수를 했든 수읽기를 잘못했든 승자는 승자대로 패자는 패자대로 두어진 경우의 수를 분석하고 승패의 원인이 어디에 있는지를 찾아보는데 있다. 복기는 차후 재기를 위한 바둑 대국 때 두 번 다시 똑같은 실수를 하지 않고 더욱 효율적이고 합리적인 대국 전략을 세우기 위해서 필요한 조치라 말할 수 있다.

신중하게 바둑을 두어도 항시 승자와 패자가 결정된다. 우리들은 어떤 일을 추진할 때 성공 할 때도 있고 실패 할 때도 있다. 성공이던 실패이던 그대로 머물러 있는 것은 좋지 않다. 성공을 했다 해도 성공의 이유를 분석하다 보면 더 좋은 방법을 발견 할 수도 있고 실패한 경우 원인을 찾다 보면 차후에 발전적인 좋은 결과를 얻을 수 있다. 실패는 했으나 절망하지 않고 원인을 찾아 다음에 계획을 세울 때 똑같은 실수를 범하지 않고 좋은 결과를 얻어 낼 수 있다는 것을 명심해야 한다.

세계적인 발명왕 토마스 에디슨도 실패한 경우가 수없이 많이 있었지만 포기하지 않고 바둑대국의 복기처럼 실패의 원인을 찾는데 몰두하였다고 한다. 에디슨은 '나는 실패한 것이 아니고 잘못된 방법을 선택했기 때문이다.'라고 말하면서 잘못된 방법이 성공의 방법보다 더 많다는 것을 깨닫게 되었다고 했다. 이런 사실을 알고 원인을 발견한 후, 실험에 실패할 때마다 성공에 한 발씩 다가가고 있다고 에디슨은 생각했다.

바둑은 실전이나 정석 같은 이론도 중요하지만 그에 못지않게 경기에 임하는 태도가 중요하다. 너무 서둘지 말고 침착하게 마음의 자세를 가다듬고, 경기 중에는 지나친 승부욕심이나 성급하게 빠르게 두는 것은 금물이다. 바둑에서는 부분보다는 전체를 보며 두어야 한다. 바둑 판에 놓여있는 각각의 돌들과 지금 내가 두려고 하는 수를 마치 하나의 유기체처럼, 몸통을 가진 존재로 인식하여 두고자하는 각수의 관계성에 대해 깊게 생각하며 두어야 한다. 전체의 조화를 생각하고 작은 것은 과감하게 버리고 바둑을 두는 것처럼 우리의 인생살이도 매사에 신중하고 겸손하며 남을 이해하고 사랑하며 포용하는 마음으로 살아야 한다. 사소한 일에 지나치게 신경을 쓰는 것은 좋지 않다. 지나간 인생을 되돌아보며 미래의 향방을 조화롭게 생각하며 사는 삶이 중요한 것이다.

사람은 누구나 성공하기를 원한다. 실패를 원하는 사람은 없을 것이다. 사업가는 사업가대로 정치인은 정치인대로 직업이나 나이에 관계없이 인간은 성공하며 살기를 원한다. 성공하길 원하는 소원은 누구나 갖고 있다. 바둑대국이 끝나고 복기를 통하여 패석을 분석하여 차기 대국에 도전하지만 반드시 승자만 되는 것은 아니다. 우리의 인생도 성공의 기쁨도 있지만 실패를 거듭하며 살아가는 인생이기도 하다. 고통스러운 일로 반복되는 삶은 사는 사람도 많다.

어렵고 힘든 일이 닥친다 해도 바둑 대국에서 복기하며 잘못된 수를 찾아내는 것처럼 지난 일을 평가해보며 작은 소망을 갖는 것은 인생 살아가는 데 중요하다. 내가 하고자 하는 일이 남이 알아주지 않는 천한 신분이나 직업이라도 좋다. 다만 현재의 내가 살아온 인생살이에서 남들보다 조금 뒤떨어질 뿐이지 특별한 이유는 없다. 희망이 있는 사람은 자신이 직접 수립한 기획안으로 주인공으로서 당당히 인생의 무대에 설 수 있다. 성급하게 결정하지 말고 좀 더 신중하게 생각하고, 과거에 치우치지 않고 버릴 것은 과감하게 버리도록 한다.

갖고 있는 희망과 소망이 위대한 가치를 지니고 능력을 발휘하는 것은 젊음이 있기에 가능하다. 젊었을 때에 희망과 소망을 갖고 치밀한 설계를 하고 성공을 위해 헌신적인 노력의 결과에 따라 인생 전체가 결정될 수 있다.

기업경영자가 불확실성 속에서도 매번 의사결정을 해야 한다는 점에서 바둑과 기업경영은 비슷한 점이 많다. 기업 경영환경이 매우 어려울 때 일거에 만회할 수 있는 묘책을 찾고자 하는 것도 인지상정일 것이다. 바둑에서 찾아낸 교훈은 묘수보다는 기본에 충실한 원칙이 중요하다는 진리를 우리에게 알려 주고 있다. 기업경영자도 일시적 묘책으로 해결하려고 하지 말고 전문적 평가를 통한 철저한 분석을 해서 기본에 충실한 기업이 되면 어려움을 극복할 수 있다고 생각한다. 바둑 대국에서 얻어진 교훈을 잊지 말고 미래를 설계하고 도전하는 인생의 멋진 삶을 살길 바란다.

사람은 책을 만들고 책은 사람을 만든다

독서삼매(讀書三昧)

오직 책 읽기에만 골몰한다는 말이다

윤인현 현 대진대학교 교수, 문학 박사

내가 갖고 놀던 장난감

내겐 내세에 대한 신념이 없다. 그래서 그런지 간혹 죽음에 대해 생각하면, 아찔한 기분이 든다. 어떻게 되는 거지? 깜깜한 암흑과 함께 지극한 고요함이 연상된다. 죽음을 영면이라고도 하니, 영원히 깊은 잠에 빠진다는 것이다. 본래 잠이란 편안한 것이니까 죽음이란 한 없이 안락할 것이라 억지를 부려본다, 무서우니까. 허허!

남은 날이 얼마나 될까 생각하다가도, 이내 육십 여년을 용케도 살아왔고 아직 영면하기에는 많고도 많은 날이 남아있다고 근거도 맥락도 없이 굳건히 믿고 있다. 허-허!

지구라는 행성에, 한국이라는 나라에서 태어나 일생을 우리말을 사용하면서 살아왔고, 얼마 뒤면 내가 사용할 일이 없을 것이다. 내가 생존하든 영면하든 이에는 아무 상관없이 우리말은 미래에 남은 사람들이 대대로 끊임없이 활용할 것이다. 내가 이 세상에 나서 그것으로 남들과 의사를 소통해 왔고, 또 그것을 문자로 바꾸어 사용해 왔다.

가지고 놀면서 즐기는 물건을 장난감이라 한다. 이것을 갖고 놀다 보면 재미있기도 하지만 정서적 안정감도 준다. 오늘 내가 쓰고 있는 우리말이 내가 매일 갖고 노는 하나의 장난감은 아닌가 생각해본다. 그것도 보통 장난감이 아닌 재미지고 유용한 장난감! 어쩌다, 이런 저런 생각을 하다 보면 흥미로운 느낌을 받는다. 국어 학자들이 어디에선가 이미 논리적으로 밝혀 놓았거나 채집해 두었는지는, 과문하여 알지는 못하지만 나 혼자 만지작거리며 갖고 노는 우리말 사랑이 있다.

상상을 해보자면, 나의 조상 원시인께서는 '나'는 '아'에 가까운 발음을 하면서 손으로는 자신을 가리켰을 것 같고, '너'는 '어'나 '이'에 가까운 발음을 하면서 상대방을 가리켰을 것 같다. 또한 어떤 언어를 막론하고, 엄마, 아빠의 발음은 어딘가 유사한 점이 있어 보이는 것도 이러한 상상에서 벗어나지 않을 것이다. 우리말의 '엄마'는 아기가 먹을 것을 달라고 입으로 의사표시를 할 때의 소리가 '엄' '맘' 등의 소리로 났을 것이니 '엄마, 어머니, 엄니, 어멈, 옴마, 어매, 어멍' 등으로 파생되었을 것이다. 영어의 'mam, mama, mammy, mum, mother', 중국어의 '妈, 妈妈'도 마찬가지일 것이다.

이러한 사고 방식으로 우리말을 갖고 나 혼자 재미있게 놀곤 했다. 장난감이란 가지고 놀다가 싫증이 나면 그만 놀고, 일을 하다 쉴 때 다시 갖고 놀기도 한다. 이렇게 놀아보기도 하고 저렇게 놀아보기도 하다가 예닐곱 가지 놀이를 해보았다. 혼자 재미가 쏠쏠했다.

첫째, 의성어에서 형성된 동물들의 이름들이다. 개구리의 울음소리를 들리는 대로 표현하여 개굴개굴, '개구리'라하고, 꾀골꾀꼴, '꾀고리'라 하고, 부엉부엉, '부엉이', 귀뚤귀뚤, '귀뚜라미', 꿩꿩, '꿩', 멍멍, '멍멍이', 꿀꿀, '꿀꿀이', 맴맴, '매미', 파르르 파르르, '파리', 버르르 버르르, '벌'……

그 아득한 옛날에 의사소통을 하기 위해 누군가가 처음 이런 소리를 내고 그것이 말로 안착되었을 것이다.

둘째, 의성어에서 형성된 것으로, 그 대상을 칭하는 이름들이다. 아기가 울면서 내는 소리에서 '아이'라는 말이 생겼다고 본다. '아- 하고 우는 것'을 보고 이를 '아이, 아해, 아기, 아가' 등으로 지칭했을 것이고, 여기서 '아기

씨, 아가씨'가 파생되었으리라.

'아기'가 동물에 적용되면 '아지'로 변형되어 말의 새끼를 '말아지'에서 '망아지'로, 소의 새끼를 '소아지'에서 '송아지'로, 발음이 편리한대로 변했을 것이다. 이런 종류에는 '가이아지', '개아지', '강아지'로, '돝아지', '도야지', '돼지'도 있다. 그렇다면 '돼지'란 원래 '돝'의 새끼라는 의미일 것이다. 훗날 돼지의 성체를 그렇게 부르게 된 것이 아닌가 의심이 든다.

셋째, '어른'이란 말은 어디서 나왔을까? 서동요에 '선화공주님은 남 몰래 얼어두고 맛둥방을 …'이라고 했고, 얼싸안다, 어루만지다, 얽히다, 이런 말들이 다 같은 어감에서 나온 것이 아닌가?

뿐만 아니라 내 고향 방언에는 곤충들의 교미 상태를 '얼레 붙었다' 하고, 어린 남녀가 다정하게 지내는 모양을 보기라도 하면 '얼레리 꼴레리', '얼레절레요-'라고 놀리듯 말하는 것도 모두 상통하는 의미라고 여겨진다.

다시 말해 '얼'의 어감은 남녀의 성교나 암수의 교미와 무관하지 않다고 생각되고, 그래서 '어른'이란 이미 혼인을 하여 남녀의 결합을 경험했다는 뜻에서 온 것은 아닐까……

넷째, 漢字는 한 글자로 각각의 의미가 있어서, 예컨대 모래를 뜻하는 砂(沙)는 砂巖, 砂漠, 白沙場, 沙糖 등 많은 말을 만들어낸다. 순 우리말에도 이러한 현상은 많이 있는 것으로 생각된다. 예컨대, '사, 살, 사르' 등은 부드럽다, 가볍다, 남몰래 등의 어감을 갖고 있다.

이에서 사르르, 사뿐사뿐, 사부작사부작, 살며시, 살살, 살금살금, 살갑다 등이 나왔다고 여겨지며, 인간이나 동물의 뼈와 살에서 '살'이라는 명사도 부드럽다는 느낌에서 온 것일 것이다. 심지어 사랑이라는 말도 여기서 나온 것은 아닌가.

다섯째, 별 가치가 없거나 지위가 낮다는 등의 부정적인 의미로 '하잘 것 없다'라는 말을 쓴다. 어떤 일이 너무 멋있거나 가치 있거나 재미가 있으면 그것을 함께 해보자고 권유하여 '같이 하자'라고 할 것이다.

반면에 멋이나 재미가 없으면 '같이 하자고 권할 만한 가치가 없다'고 할 것이다. 이것이 '하잘 것 없다'로 축약된 것으로 보인다. 마찬가지로 함께 볼 만한 가치가 없으면 '보잘 것 없다'라고 하며, 먹을 만한 게 없을 때 '먹잘 것 없다'고 표현하는 것도 이러한 종류이다.

이는 마치 '쏜 화살처럼 빨리'라는 뜻으로 '쏜살같이'라는 부사를 쓰고 있지만, 화살이라는 의미는 전혀 의식하지 않고 '매우 빠르다는 느낌'으로 자연스레 받아들이는 것과 같다.

여섯째, '점잖다', '귀찮다', '괜찮다'를 갖고 놀아보자면, 점잖다는 '품격이 속되지 않고 고상하다', 귀찮다는 '마음에 들지 않고 성가시다', 괜찮다는 '별로 나쁘지 않고 보통 이상으로 좋다'라고 국어사전에 풀이되어 있다.

하지만 '점잖다'의 그 출발점은 '젊지 않다', 즉 '어리지 않고 노숙하다'는 데에서, '귀찮다'는 그 일이 '貴하고 중요한 것이 아니다'는 데에서, '괜찮다'는 '掛念하지 않는다', 즉 머리 속에 '그 생각을 걸어두지 않는다'는 뜻에서 '괘념치 않다', '괘념찮다'를 거쳐 발음이 편리하게 '괜찮다'로 변했을 것으로 본다.

일곱째, '깜빡깜빡'이라는 내 장난감 소품도 재미있다. 이 말은 어떻게 만들어졌을까? 내 생각은 이렇다. 눈을 감으면 깜깜하고, 눈을 뜨면 밝다. 그러니 '깜밝깜밝'이 그 의미에 맞는 표현일 것이라고 억지를 부려본다. 눈을 감으면 깜깜하니까 '눈을 깜다'에 '눈을 감다'로 순화되고, 여기서 검다, 껌다, 검정, 껌정, 가무잡잡하다, 까무짭짭하다, 까맣다, 거무스름하다 등으로 파생하고, 심지어 까마귀라는 새 이름까지 나왔을 것이다.

살면서 문득 문득 떠오르는 대로 장난스레 놀아보는 것이 꼬리에 꼬리를 물지만, 오늘은 여기 일곱 가지만 나름대로 적어 보았는데 글이 길어졌다. 혹시 국어 학자님들께서 보시기에는 터무니없는 허언일지라도, 우리말을 사랑하는 마음에서 이런 잡글을 재미삼아 써 보았으니, 부디 너무 꾸짖지 마시길 ….

사람이 누군가를 사랑하거나 무엇에 애착을 가진다면, 항상 그 대상을 생각하고 배려할진대, 내가 우리말을 이렇게 저렇게 생각해 보는 것은 우리말을 사랑한다는 증거라 주장한다. 훗날 내가 영면하고도 의식이 있다고 가정한다면, 내 평생 사용했던 우리말을 '내가 한 때 갖고 놀던 한 가지 재미있는 장난감'이었다고 말하고 싶다.

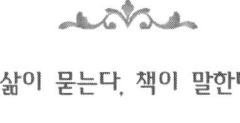

삶이 묻는다, 책이 말한다

나도 호더인가?

요즈음 전에 없던 '호더'라는 외래어가 있다. 물건을 버리지 못하고 쌓아두는 사람을 말한다. 이들은 집안에 발 디디기 힘들 정도로 필요 없는 물건을 쌓아두는 행동을 반복하는 특징이 있다. 이러한 습성은 어떤 물건을 버리면 그 물건에 담긴 자기만의 의미있는 기억이 사라질 것을 두려워하는 데서 비롯된다고 한다. 일종의 강박증상이다. 이 정도이면 아마도 전문가의 치료가 필요할 것이다.

나도 호더인가? 30년 전의 옷가지도 아직 가진 게 있다. 허드레라도 입을 때가 있겠지 하면서 버리지 않는다. 한때 유행했던 바바리 코트도, 초창기 패딩 점퍼도 차마 버리지 못하고 있다. 심지어 세탁소에 맡겼다가 깔끔하게 비닐에 싸인 채로 고이 잠자고 있는 모직 스웨터도 있다. 언젠가는 깔맞춤으로 잘 입을 수도 있을 것 같은데, 일 년이 지나고 이 년이 지나도 그대로다.

운동할 때 입는 체육복도 마찬가지다. 학창 시절엔 츄리닝 한 벌이면 그것이 동네 외출복이었고 잠옷이었으니, 터무니없는 향수와 애착이 많다. 지금은 낡고 유행에도 어울리지 않지만 옷걸이에 걸어두고 있다. 게다가 취미

활동에, 사소한 경기 행사마다 여름에는 반 소매, 겨울에는 긴 소매의 기념품이 수시로 생긴다. 그중에 절반 이상은 사용하지 않는다. 그런데도 결국 버리지 못하고 있다.

 이 뿐만이 아니다. 먹고 마시는 것도 그렇다. 병이 나거나 허약해지면 밥맛도 없어지는데, 아직도 음식이 맛있으니 다행이긴 하다. 삼시세끼 끼니마다 배부르게 먹고도 한 술 더 먹기가 일쑤이고, 배고프지 않은데도 주섬주섬 먹기도 한다. 어쩌다 뷔페식당에 갈 일이 생기면, 가지가지 진수성찬인데, 과식하지 않을 수 없다. 그건 그렇다 하더라도, 집에서는 국그릇이나 찬그릇에 조금씩 남은 음식을 버리지 못한다. 사찰에서 공양하듯 그릇을 다 비워야 직성이 풀린다. 먹고 나면 거의 설거지가 되는 장점은 있지만, 내 위장과 건강은 어쩔 건가?

 책에 대해서는 그런 증상이 더 심하다. 보지도 않는 책을 언젠가는 이것이 유용하겠지 하면서 버리지 못한다. '조선왕조실록'의 내용을 가치로 따질 수가 없다. 왜란에 전주사고본이 남은 것은 하느님께 조상님께 감사할 일이다. 엄청 방대한 실록이니 만큼 축쇄 영인한 책을 갖고 있었다. 축쇄본임에도 여전히 방대한 권질인 것을 한 동안 유용하게 잘 썼다. 시간은 흘러 그것이 전자자료로 나왔고, CD 몇 장에 실려 유통될 때도 처음에는 비싼 편이었다. 지금은 인터넷상에서 원문과 번역을 무료로 보고 있다. 그런데도 이 거질을 그냥 갖고 있을 것인가.

 젊은 어느 날, 향학열이 다소 일어났을 때, 다니던 도서관에서 '연여실기술'을 검색했다. 목록에는 있으나 실물의 행방을 모른단다. 번역본도 아니고 한문으로 간행된 책으로 기억된다. 실물이 있었다 하더라도 한문의 벽에 부딪쳐 좋은 결과를 보진 못했겠지만, 그래도 잡았다 놓친 물고기처럼 아쉬운 마음이 있었다. 그런 경험이 있고 훗날 깔끔한 번역본을 만났을 때 사지 않고는 배기지 못했다.

 그러자니 어느덧 호더가 되어있다. 이제 호더를 면하자. 그래서 '조선왕

조실록'을 과감히 버렸다. '연려실기술', '동사강목', '오주연문장전산고', '가락국기', '요해총서'를 미련없이 후학에게 넘겼다. 이들은 오히려 쓸 만한 책들이다. 그보다 훨씬 더 가치 없는 책이 내겐 아직 많이 남아 있다. 용단를 내려야 한다. '용단'이라는 단어를 쓸 정도로 내겐 아직 호더 기질이 남아 있다.

　문득 다른 생각이 난다. 내 머리 속에 든 이것들은 어쩔 것인가? 호더처럼 모아 놓았던 잡념들, 남은 내게 주지 않았는데 내가 받은 피해의식, 스스로 높혀 놓은 이상에는 미치지 못하는 자괴감, 지난 날에 대한 회한, 지금까지 이룬 내 상황에 대한 우울감, 내가 기대하는 보다 나은 사회에 대한 좌절감, 그 좌절감을 느끼게 만드는 타인들에 대한 분노, 이와 반대로 오만, 우월, 아집, 욕심, 이런 것들도 과감하게 버려야 내 몸이 가볍고, 내 머리가 가벼울 터인데 ….

책 속의 넘치는 정보 우리 삶의 지혜로

권독종일(卷讀終日)
종일 책을 읽음 즉 책을 많이 읽는다는 뜻이다

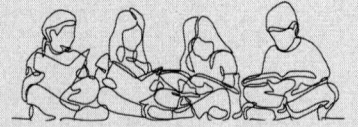

이덕봉 전 동덕여자대학교 교수, 언어심리학 박사

82년생 김지영 이야기

82년생 김지영이라는 소설과 영화가 사회적 담론이 되어 2019년을 뜨겁게 달구었다. 2016년 10월 조남주 작가의 장편소설 "82년생 김지영"이 출간되면서 소설부문에서 밀리언셀러에 올랐고, 대만, 일본, 중국, 프랑스 등 16개국에 판권이 팔리면서 세계적인 관심을 받고 있다. 2019년 10월에는 김도영 감독의 영화로 개봉되면서 400만 관객을 뛰어넘는 기염을 토한다. 흥행이라는 상업적 관점에서 보면 크게 성공한 작품임에 틀림없다. 그러나 이 작품에는 흥행의 시각에서만 바라볼 수 없는 심각한 사회적 메시지가 담겨 있다. 성별에 따라 보는 이에 따라 평이 엇갈리고 호불호가 갈리는 민감한 담론의 대상이 된 것이다.

공감과 비난의 두 목소리

이 소설과 영화를 미투(ME TOO) 운동의 일환으로 보고 성차별에 대한 고루한 통념을 문제 삼아 남녀의 대립구도를 증폭시킨다는 비난이 있다. 육

아맘만 힘든 것이 아니고 남자의 삶도 힘들다며 젠더 대립의 구도에서 바라보기도 한다. 여성해방의 문제를 제기한 것으로서 예전의 노예해방에 비견할 만 하다고 격하게 공감하기도 한다. 문학 비평 중에는 페미니즘의 메시지를 다루어 사회적 논쟁거리는 제공하였으나 문학 작품으로서 갖추어야 할 구체적인 내면 묘사가 없다는 혹평도 있다. 개인적인 피해의식의 발로를 너무 일반화 시켜서 개별 여성의 고유성을 훼손한다는 평도 듣는다. 심지어 육아의 어려움을 경험한 선배 육아맘들로 부터는 영화 속 남편이 적극적으로 협조하고 배려하는 장면을 부러워하며 호사스러운 불평이라는 비난의 눈총을 받기도 한다. 이러한 양분된 반응을 보면서 여전히 우리 사회에 뿌리 깊게 잔존하는 젠더 갈등의 현주소를 확인하게 된다.

가난한 살림에 살림도구마저 열악하던 시절에 많은 수의 아이들을 키워내야 했던 김지영의 어머니 세대가 지금의 김지영을 바라본다면 이해가 되지 않을 수도 있다. 집도 현대화 되고 가사 도구도 자동화되어 살기 편해졌고 아이도 달랑 하나뿐이고, 시부모와도 떨어져 마음 편하게 핵가족으로 살면서 무슨 복에 겨운 엄살을 부리는가 싶을 것이다. 부모 세대가 살아온 환경에 비하면 천국 같은 삶이기 때문이다. 겉모습만 볼 때는 분명 그렇게 보일 수도 있을 것이다.

많은 평가들이 부정적인 것과는 대조적으로 훨씬 많은 여성 관객들의 공감을 불러일으키고 있는 것도 사실이다. 400만이 넘는 관객을 동원한 것은 공감되는 현실이 엄존하기 때문일 것이다. 이 작품의 스토리를 볼 때 남녀 문제를 부각시켜 젠더 갈등을 조장하기 위한 것이거나, 결혼과 출산과 육아를 거부하고자 하는 의도에서 만들어진 것은 아니다. 현대 사회에서 여성으로서의 삶을 살아가는 과정에서 마주치게 되는 사회적 문화적 벽 앞에서 겪는 좌절과 갈등 속에서 나를 찾고자 하는 한 젊은 여인의 모습을 그린 것이다. 자신이 이러한 처지에 봉착해 있다는 SOS를 사회를 향해 보냄으로써 사회적 공감대가 형성되기를 호소한 작품인데, 사회는 공감은커녕 오히려 따가운 시선을 보내는 것 같아 안타깝다. 역시 이런 처지에 대해 아직은 공감하지 못하는 사람들이 많다는 증거다.

기로에 선 김지영의 삶

여성에게 있어서 어머니라는 역할은 위대한 훈장이며, 목숨을 걸고 무사히 성공한 출산은 더없는 축복이다. 그러나 오랜 기간에 걸친 육아 노동과 치열한 경쟁의 늪에 빠진 자식 교육의 무게를 오롯이 홀로 감당하며 수퍼맘으로 사는 삶은 어떤 동물 세계에서도 유례를 찾아볼 수 없는 가혹한 짐이다.

다른 동물 일반의 새끼 양육 모습을 보면 수컷과 암컷의 비율이 1대 다수인 포유류의 경우에는 암컷이 육아를 전담한다. 조류의 경우에는 암수가 번갈아 가며 먹이 사냥에 나선다. 새끼가 스스로 먹이 사냥이 가능하게 되면 독립시킨다. 처음부터 먹이 활동이 가능한 어류의 경우에는 알에서 부화하면서 부터 홀로서기에 나선다. 동물들은 육아 시간이 짧은데다 어미가 직접 먹이 사냥에 나서는 소위 사회활동에 참여하는 셈이다. 사냥이라는 노동을 통해 생산 활동이라는 성취감을 함께 누리고 있는 것이다. 암컷이 홀로 굴속에서 새끼를 돌보며 굴을 깨끗이 관리하면서 일생을 보내는 동물은 없다.

직장을 가진 많은 어머니들이 아이가 초등학교에 입학할 즈음에 직장을 그만두는 비율이 제일 높다고 한다. 교육 경쟁의 전쟁터에서 자식을 지원사격하기 위해서 자신의 경력 단절을 감행하는 것이다. 일과 가정에 모두 충실한 수퍼맘의 삶을 현실은 허용하지 않기 때문이다. 사회가 고도화 되고 복잡해지면서 교육 기간은 점점 길어졌다. 그러한 사회적 변화에 적응하기 위해 분업이라는 형태로 아빠는 밖에서 돈을 벌고 엄마는 집에서 육아와 살림을 전담하는 새로운 분업형식이 자리 잡게 되었다. 그 결과 어깨가 무거워진 남편의 삶은 더욱 고달프게 되었고, 부인의 삶은 생산 활동 참여의 기회를 박탈당하게 된 것이다.

그렇다면 가사에만 전념하던 조선시대 여인의 삶은 과연 비참하기만 하였을까? 조선시대에는 전체 인구의 절반 가까이가 노비계급이었다고 하니 여성의 절반은 노비이었고 나머지 절반은 지주나 양갓집 마님이었을 것이다. 노비계급이나 소작농의 여인은 육아 휴가는 언감생심이요 아기를 포대기에 싸서 등에 업은 채 쉴 틈도 없이 힘든 노동으로 지새우는 생활이었다. 양갓집 마님은 유모에게 육아의 도움을 받아 가며 노비와 대가족을 거느리고 가정 살림을 총괄하였다. 그러나 그 시절의 여성에게서는 82년생 김지영과 같은 고민은 제기되지 않았다. 왜일까? 노비로서의 생활은 힘들었지만 수많은 노비 동료들과 함께 웃고 떠들며 생산 현장에서 일하는 사회생활이 있었기에 집안에 홀로 고립되어 육아와 가사에만 묻혀있는 김지영과는 다른 삶을 영위하였던 것이다, 끈끈한 동료 의식을 가진 소속감이 있었기에 여자의 한을 속으로 삭이고 신분이라는 얄궂은 운명의 무게를 감내하는 삶을 견딜 수 있었던 것이다. 양갓집 마님의 경우에도 대가족과 노비를 통솔하고 곡간의 키를 손에 쥐고 집안 살림을 관리하는 기업 경영자와 같은 생활을 하였던 것이다. 소위 자기실현의 삶을 영위하였던 것이다. 이들 조선시대 여성의 삶이 82년생 김지영의 삶과 크게 다른 점은 생산 활동에 참여하는 사회생활을 적극적으로 영위할 수 있었다는 점이다. 여성의 몸으로 사회생활의 큰 부분을 책임지고 있었던 것이다. 그런 잇점이 있지만 자기 의사 표현이 자유롭지 않았던 문화 환경 속에서 인내를 강요당하는 삶의 무게가 너무 무거워 화병이라는 한국 여성 특유의 질병을 앓곤 하였다. 82년생 김지영의 어머니 세대가 여자의 고된 일생을 말없이 참고 견디다가 앓던 화병은 김지영 세대에 와서는 육아맘들의 자기표현은 좀더 자유로워진 대신 사회로부터의 고립이 추가되어 산후 우울증으로 나타난다. 영화 속 장면 중에 김지영이 친정어머니로 빙의 되는 장면들이 나오는데 이는 대물림되는 여성의 삶을 상징한 것으로 보인다.

말없이 참고 순종하는 것이 미덕이던 예전의 여성과 달리 현대의 육아맘들은 대학을 졸업하기 까지 16년에 걸쳐 다양한 사회활동에 관해 학습하고 장차 사회에 나아가 공헌하기 위한 기능을 연마한다. 그러한 오랜 노력과 꿈이 육아로 인해 하루아침에 경력 단절과 함께 무용지물이 되어 버리고, 육아와 가사에만 전념하는 생소한 생활로 바뀌게 된 것이다. 게다가 사상초유의 과도한 경쟁의 늪에 빠진 자녀 교육의 부담까지 떠안게 된다. 아이가 어느 정도 자란 뒤에 다시 사회로 진출하려 해도 경력을 이어갈 기회조차 주어지지 않을 것을 잘 안다. 이렇게 사회로부터 갑자기 고립되게 되면 성별이나 연령에 상관없이 누구나 감당하기 어려운 상황임에 틀림없다.

현대의 육아맘들이 조선시대의 여성과 크게 다른 점은 사회적 자기실현을 위한 전문적인 훈련까지 받았으면서 조선시대의 여성들이 영위할 수 있었던 사회적 생산 활동마저 누리지 못하고 있다는 점임을 간과해서는 안 된다. 게다가 조선 시대의 여성이 대가족에게서 받을 수 있었던 육아의 도움마저 현대의 핵가족 가정에서는 남편이 함께 하지 않으면 홀로 고군분투해야 한다는 점이다. 세상은 열려있는데 가정이라는 나노 사회에 홀로 갇힌 형국인 것이다. 어머니라는 위대한 본능을 수행한다는 만족스러움과 사회적 자기실현의 기회를 포기하고 고립된 삶 사이에서 갈등할 수밖에 없는 것이다. 인간 욕구의 단계 이론으로 유명한 심리학자 매슬로우(A. Maslow)는 인간의 욕구 중 자아실현 욕구가 가장 강렬하다고 하였다. 고등교육을 마칠 때까지 자기 성장 욕구를 키울 대로 키워오다가 출산과 함께 자신의 성장 욕구를 포기하여야 한다. 사회로부터 격리된 육아맘들은 성장 욕구인 자아실현 욕구가 박탈된 상태에서 소속 욕구와 존경 욕구마저도 충족되지 못하는 욕구 불만 상태에 놓이게 되는 것이다. 자신의 처지와 달리 성공적으로 사회활동을 구가하고 있는 지인들을 바라보면서 상대적 박탈감은 더욱 커지기 마련이다. 사회 곳곳에 늘어만 가는 노키즈존(No Kids Zone)과 노배드패어런츠존(No Bad-parents Zone)을 접하게 되고, 영화에서 처럼 육아를 빌미로 주위에 민폐를 끼친다는 뜻의 비속어 '맘충'이라는 비아냥까지 듣게 된다면, 육아의 사회적 가치는 땅에 떨어지게 되어 어머니로서의 자부심조차 가질 수 없게 되는 것이다.

본고 필자는 82년생 김지영이 출생할 즈음부터 여자대학교 강단에 서기 시작하였다. 다른 남녀 공학 대학의 러브콜을 뿌리치고 일부러 여자대학을 택한 나름대로의 이유가 있었던 것이다. 국민의 교육 수준 향상을 위해서는 여성 교육의 역할이 중요하다는 신념을 갖고 있었던 필자는 여성의 전문화를 통한 사회적 역량 향상에 도움을 주고자 일부러 여자대학을 선택하였던 것이다. 이후 30년간에 걸쳐 82년생 김지영과 같은 문제가 제기되지 않기를 바라면서 나름대로는 여성 교육에 전념해 온 셈이다.

그러나 30년 동안 지속적으로 풀리지 않는 답답함이 있었음을 기억한다. 꿈과 능력을 키워가던 고학력 여성들이 모든 걸 포기하고 하루아침에 전업주부로 변해가는 안타까운 모습들도 많이 보아 왔다. 대학에 진학한 여학생 중에는 자기실현의 꿈을 키우면서 노력하는 학생이 있는가 하면 가정에서 주부로서 엄마로서의 삶을 선호하는 학생들도 다수 있었다. 여성의 삶에 대한 인생관의 차이가 82년생 김지영에 공감하는 여성과 공감하지 못하는 여성으로 나뉘는 것 같다. 물론 여성으로서 누리고 싶은 모성을 포기하면서 사회에서 자기를 실현하는 삶도 의미가 있을 것이고, 가정에서 나를 잊은 채 주부로서 아내로서 엄마로서 살아가는 삶도 의미는 있겠지만 둘 다 어딘지 아쉬움이 남는 것도 사실이다. 어느 한 쪽만을 택해야 한다면 너무 잔인한 선택일 수 밖에 없다. 다양한 인생관을 가진 학생들을 보면서 일방적인 사회화 교육의 한계를 느끼기도 하였다. 어떤 삶을 선택하든 현실은 마음 같지 않을 것임을 잘 알고 있었기에 늘 답답함을 떨칠 수 없었던 것이다.

필자가 여성 교육에 종사했던 30년은 재능을 가진 한 여성의 일생이 오로지 자식의 양육과 교육을 위해 바쳐지는 모습을 바라보면서, 여성이 모성도 만끽하면서 자아실현도 충족할 수 있는 삶의 방법을 모색한 시행착오의 시간이었던 것이다.

미래의 김지영을 위한 처방

가정에 갇힌 현대 여성의 출구 없는 삶을 해결하기 위해서는 어떻게 해야 할 것인가! 무엇보다 우선하여 우리사회의 성의식과 성태도가 개선되어야 할 것이다. 최근에 벌어진 일련의 미투 운동을 통해 속속 드러나고 있듯이 우리 사회의 여성에 대한 성의식이 고도 문명 시대에 어울리지 않게 매우 원초적인 수준인 데에 문제의 원인이 있다. 뿌리 깊은 성의 상품화는 여전히 개선되지 않고 있고, 아동 성착취 범죄를 비롯한 각종 성범죄에 대해 지나치게 관대한 법률과 성폭력에 대해서도 지나치게 관대한 세간의 반응은 우리 사회 전반에 만연된 성의식과 성태도의 반영이라 하겠다. 경력이 단절된 육아맘의 힘들고 답답한 심정을 공감하지 못하는 것도 이러한 성의식 문제와 무관하지 않다.

성의식 문제가 해결되지 않는 한 82년생 김지영은 점점 늘어날 것이고,

국가적으로도 세계 최저 수준의 출산율에 따른 인구 절벽 문제와 높은 이혼율 문제는 계속 심화될 것이다. 머지않아 사회 존속의 기반을 위협하게 될 것이 뻔하다. 이러한 국가적 위기를 미연에 방지하기 위해서는 서둘러서 육아맘의 사회 활동이 가능하도록 사회적 차원의 육아 도우미 시스템을 갖추어야 한다. 마을마다 종일반 어린이집과 유치원이 충분히 제공되어야겠고, 직장에서는 남녀의 육아휴직으로 끝날 것이 아니라 예전 어머니들이 애를 업고 일터로 나갈 수 있었듯이 직장마다 육아시설이나 어린이집을 갖추어야 한다. 전국의 초등학교와 유치원에 병설 어인이집을 설치하는 것만으로도 시설 부족문제는 해결될 것이다. 이러한 육아 환경 조성을 위하여 사회 전체가 공감하고 협력하는 사회 분위기가 마련되어야 한다.

남편이 육아를 돕는다는 표현은 문제가 있다. 육아는 남편이 부인을 돕는 것이 아니고 부부가 함께 해야 하는 공동 책임이기 때문이다. 부부는 서로의 고충을 누구보다도 먼저 공감하는 사이이어야 한다. 사회도 아이를 함께 키운다는 생각으로 접근해야 한다. 사회가 도움을 베푸는 것이 아니고 국민의 권리로서 당연히 받아야 할 '정당한 편의'라는 인식이 공유되어야 한다. 기계적으로 천편일률적인 베풂이 아닌 개인의 요구에 맞추어 다양하게 베풀어질 수 있는 사회 시스템의 구축이 바람직하다. 일과 가정이 양립하는 워킹맘 문화가 정착될 수 있도록 사회적 환경이 조성되어야 하는 것이다. 이제는 더 이상 엄마의 전적인 희생 위에 가족이 살고 국가가 돌아가는 시대가 되어서는 안 된다. 엄마라는 호칭이 눈물의 대명사가 되지 않고, 미소를 떠올리는 행복의 대명사가 되게 하여야 한다. 엄마에게도 행복한 삶의 기회를 돌려주어야 한다.

지금처럼 유기적으로 고도화 된 새로운 사회적 환경에 적응하기 위해서는 부부 함께 사회 활동과 가정 관리를 담당하고 육아와 교육은 사회도 함께 협력하는 시스템이 구축되어야 한다. 사회의 유지 발전을 위해 필요한 시민 교육은 사회가 수행하듯이 육아 또한 사회의 인적 자원을 양성하는 일이므로 사회적 시스템으로 관리와 감시가 이루어져야 한다. 그렇게 함으로써 어머니들에게도 사회활동의 기회가 주어질 수 있을 것이다.

여성의 사회 활동에서 행하는 업무도 쉽지 않고 인간관계도 힘들며 경제적인 도움도 대수롭지 않을 수 있다. 그러나 사회 구성원으로서의 소속감 충족과 목표달성에서 얻는 쾌감, 가치 창출의 희열, 경제적 자신감 등은 인간으로서의 자존감을 형성하는 원동력이 된다. 한편, 경력 단절을 감수하고 일생을 가사와 육아와 교육에 전념하는 것도 힘든 일이지만, 가정을 관리하고 자식을 잘 길러 낸 뿌듯함을 만끽하게 되는 장점이 있다. 반면에 20년이 넘는 오랜 시간을 자식을 위해 올인한 어머니의 과도한 돌봄은 한 여성의 일생을 송두리째 바친 희생만으로 그치지 않는다. 사회적으로 볼 때 과도한 돌봄의 결과로서 국민 전반의 가족 의존성을 높이는가 하면 시민 의식과 공적 책임감의 저하와 자립심 부족이라는 부작용을 초래하는 단점도 있다.

여성은 결혼한 후에 가사와 직장생활 둘 다 완벽을 추구하는 수퍼맘의 삶을 선택할 수도 있고, 적당한 선에서 타협점을 찾아 현실적인 리얼맘의 삶을 택할 수도 있다. 그러나 현실 사회에서 마주칠 각종 장애물들을 감안할 때 양쪽 다 만족시킬 수 있는 수퍼맘이 된다는 것은 너무 힘겨운 일이다. 시간차를 두고 어느 한 쪽에 중점을 두되 다른 한 쪽은 힘을 줄이는 전략적 자기 타협도 하나의 방안이다. 선택은 어디까지나 본인의 권리이자 책임이지만 자신이 어느 정도까지 감당할 수 있는가를 판단하여 신중하게 선택할 일이다. 어떠한 형태의 삶을 선택하더라도 환경을 조율하며 그 선택을 최고의 선택이 되도록 만들어 가는 것은 자신의 몫이다.

육아에 전념하기 위해 경력 단절을 택하였더라도 미래의 사회 복귀를 위해서는 자신을 꾸준히 관리해야 한다는 것을 잊어서는 안 된다. 사회가 제공하는 정당한 편의만으로 자신의 미래에 다가올 모든 문제가 해결될 수는 없으므로 육아맘 자신이 취해야 할 노력은 필수적이다. 출산과 육아를 경험하는 동안엔 온몸의 기능이 모성 버전으로 바뀌는 것이 생체 본능의 속성이다. 따라서 경력의 완전한 포기를 원하지 않거든 육아 기간 중에도 그 동안 쌓아 온 사회적이고 직업적인 감각을 잃지 않도록 틈틈이 재활하듯 보강해 두어야 한다. 셀프 힐링법을 익혀 정신 건강을 관리하고, 나눔과 봉사의 실천을 통해 자존감을 높이도록 한다. 언제나 자기 삶의 주인공은 자기 자신이라는 것을 잊지 말고 끊임없이 자기 성장 발전에 투자하여야 한다. 취미를 창업으로 발전시킬 수 있는 역량을 키워둔다면 경력단절의 극복을 넘어 전화위복의 삶이 될 수도 있을 것이다. 이처럼 일과 가정의 양립에는 동시적인 양립만 있는 것이 아니고, 시차를 두고 수행하는 순차적인 양립도 있을 수 있다. 일과 가정을 양립시킬 수 있는 자신만의 노하우를 개척하는 것도 흥미진진한 도전이 될 것이다.

어느 유형의 삶을 살든지 모든 삶에는 나름대로의 감동어린 스토리가 있기 마련이고 그 나름의 충분한 가치가 있다. 문제는 전업주부의 경우에도 '나'를 찾아 자존감을 가질 수 있는 기회가 주어지고, 직장 여성의 경우에도 육아에 충실할 수 있는 사회적 환경이 조성된다면 더할 나위가 없을 것이다. 단순히 추상적인 양성 평등 만 외치지 말고 젠더에 대한 인식을 비롯한 젠더문화 전반에 걸친 올바른 이해와 인식 개선을 위한 체계적인 교육이 이루어져야겠다. 그리하여 82년생 김지영의 처지를 남편과 가족을 포함한 더 많은 사람들이 공감할 수 있어야겠다. 김지영 자신도 자기실현의 길을 모색함으로써 앞으로는 한국의 모든 김지영들이 가족과 함께 활짝 웃는 당당한 모습을 볼 수 있게 되기를 기대한다.

언어를 비우는 치유법

언어라는 마법의 도구

인간은 언어라는 마법의 도구를 사용함으로써 고도의 문명을 향유할 수 있게 되었으나 역으로 창출한 그 문명 때문에 고뇌와 불행을 자초하게도 되었다. 여기에서는 그러한 고뇌의 원인이 된 언어를 치유하고 조절하는 방법에 관해 얘기해 보고자 한다.

우리는 아침에 눈을 뜬 순간부터 휴대폰으로 SNS를 살피고 신문을 읽고 TV를 시청하고 이웃들과 인사하며 하루를 연다. 거리에 나서면 갖가지 표지와 안내방송과 선전을 접하게 되고, 일터에서는 전화 통화, 각종 회의, 서류 작성과 프레젠테이션 등으로 분주하다. 틈틈이 독서를 하고, 사이버 세계를 찾아 카페나 블로그를 관리하는가 하면 이메일을 주고받는다. 인터넷 서핑으로 시간 가는 줄 모르고, SNS에 접속하여 포스팅과 댓글과 채팅으로 하루가 저문다. 심지어는 꿈속에서까지 말을 하는 등 왼 종일 언어의 바다 속에서 헤엄치고 있다. 살아있는 동안 인간의 뇌는 언어라는 끝없는 바다를 항해하는 작은 배처럼 언어의 바다를 벗어 날 수 없다. 쉬지 않고 언어로 된 지식의 폭을 넓히고 언어를 더 잘 구사하고자 갈고 닦는 데 노력을 쏟지만 언어를 비우고자 하는 시도는 하지 않는다.

인간에게 언어가 없었다면 지금쯤 어떤 모습으로 살아가고 있을까를 상상해 본다. 원숭이처럼 경계음을 내는 정도의 단순한 전달 수단에 의존하여 살아가고 있을 가능성이 크다. 언어가 없기 때문에 깊이 생각할 수도 없고 구체적인 느낌을 전달할 수도 없고 복잡한 사회를 형성하지도 못했을 것이다. 개체 단위로 떠도는 상태에서 손에는 아무런 도구도 없이 나약한 종으로 살아갈 수밖에 없다. 여느 동물과 마찬가지로 전신이 체모로 덮인 채 페로몬의 유혹에 따라 교미하고 새끼를 낳아 어미는 조그만 굴속에서 새끼를 기르고 있을 것이다. 먹이를 찾아 떠돌다가 원숭이에게 밀리고 고릴라에 쫓기며 늑대나 호랑이는 최대한 멀리 피해 가면서 가까스로 종족을 유지하는 멸종 위기에 직면한 희귀 동물이었을 것이다. 만일 다른 영장류가 존재한다면 인간은 천연기념물로 보호받고 있을지도 모른다. 언어가 없으므로 그날 해야 할 일을 계획할 필요도 없고, 다른 사람과의 약속은 물론 미래의 설계 또한 불가능 하다. 미래를 예견할 수 없기 때문에 걱정이 있을 리 만무하다. 언어가 없다는 것만으로 이렇게 삶의 양상이 달라지다니, 인간의 삶에서 언어가 차지하는 비중의 지대함이 새삼 놀랍다.

다른 동물의 언어

심리학 분야의 발달과 함께 언어는 인간만의 전유물이 아니고 다른 동물에게도 나름대로의 전달 수단이 있음이 오래전에 밝혀졌다. 다년간 고릴라에게 인간의 단어를 가르친 결과 최대 2000여 단어까지 인식하기에 이르렀으나 발음이 되질 않아 의사소통 까지는 할 수 없었다. 그러나 수화를 가르친 결과 1000여 단어를 습득하여 구사하게 되었고 나중에는 원숭이의 수화 속도가 너무 빨라 가르친 조련사마저 알아보기 힘들 정도였다. 원숭이는 제스처라는 언어의 달인이었던 것이다. 캘리포니아의 33살짜리 로렌드 고릴라 코코는 충치의 고통을 수화로 호소하여 치료를 받아 화제가 된 적이 있다. 이처럼 고릴라는 학습을 통해 상당한 수준의 언어를 구사할 수 있는 지능이 있음에도 불구하고 아래턱이 길어서 인간과 같은 분절적 발음이 불가능하다. 훗날 유인원의 발음기관이 진화 되는 날 영화 '혹성탈출'에서 보았던 놀라운 장면이 현실화 될 가능성은 높다.

어린 아이 만큼의 지능이 있는 돌고래는 인간의 귀에는 들리지 않는 초음파 언어로 교신한다. 여러 마리의 돌고래가 바닷가 모래위로 튀어 올라 물로 돌아가질 못하고 떼죽음을 당하는 사례가 종종 보도를 타곤 한다. 이는 지상의 기계장치로부터 발생된 모종의 초음파가 돌고래들을 부르는 언어가 되어 전속력으로 달려오다 변을 당한 것으로 짐작되고 있다. 어쩌면 그리운 엄마 돌고래의 어서 오라는 소리를 듣고 집을 나가 떠돌아다니던 돌고래들이 그리운 엄마의 목소리가 들리는 곳을 향해 돌진한 것인지도 모른다.

대부분의 동물들은 페로몬을 분비함으로써 서로에게 끌리는 신호를 주고 받는다. 즉 화학적 언어를 사용하는 것이다. 그러나 인간만은 이 화학적 언어의 지각 기능이 오래전에 퇴화되었다고 한다. 그 대신 시각과 청각으로 같은 효과를 올리게 되었는데, 언어를 사용하여 이성에게 사랑을 표현함으로써 맺어지게 된다. 세계 여러 문화에는 예로부터 전해오는 다양한 연가들이 있다. 베트남의 '쿠안호'라는 연가는 세계문화유산으로 까지 지정되었다. 일본에도 '우타가키'라는 연가가 전해지고 있고 신라시대에 선화공주를 유혹하던 '서동요'도 연가이었을 것이다.

인간의 언어는 어떻게 다른가

　모든 동물들이 언어를 사용하고 있음에도 불구하고 유독 인간만이 문명의 발달을 이루게 된 데는 동물의 언어와 인간의 언어 사이에 근본적인 차이가 있기 때문이다. 동물의 언어는 경계음과 같은 변형이 불가능한 소리로만 구성되지만 인간의 언어는 분절적인 발음이므로 다양한 소리의 조합이 가능하다. 불을 발견한 후로 인간은 익힌 음식을 먹게 되면서 턱이 퇴화하여 짧아졌고 그 결과 다양한 분절음을 발음할 수 있게 된다. 뇌의 용량이 늘고 후두가 인두의 아래쪽으로 내려오게 되면서 더욱 다양한 발음이 가능하게 된다. 이미 40만 년 전부터 가능해진 이러한 발음 능력은 갈수록 다양한 개념의 단어를 생성하게 되고 복잡한 구조의 문장도 생성하게 된다. 언어 능력의 발달과 함께 인간은 보이지 않는 것을 표현하고 전달할 수 있게 되었고 상상이 가능하게 된다. 상상력은 더 많은 개념을 축적하게 되고 축적된 지식을 교육하여 전달하면서 문화는 계승되고 문명이 발달하게 된다.
　어미와 자식 사이에 이루어지는 의사소통은 가족이라는 공동체를 유지할 수 있는 유대를 이루게 되고 가족을 기본 단위로 하여 지역사회 국가사회로 공동체는 확대된다. 공동체에서는 언어를 통해 서로의 의사를 소통하고 경험을 공유하게 되면서 다양한 공동체 활동이 이루어진다. 공동체는 언어로 표현된 규율을 정하여 관리되면서 관습과 법이 형성되고, 물물교환의 수단으로서 화폐라는 가치를 생성하여 경제 활동을 전개하게 된다.

　언어의 발달로 추상적인 사고가 가능하게 되면서 다양한 가치와 새로운 개념이 축적되어 언어는 '시'라는 예술 형태로 진화하고, 시는 노래가 되고 소설, 드라마, 영화, 오페라 등 다양한 예술로 확대된다. 모든 존재의 의미를 철학적으로 설명하게 되는가 하면, 눈에 보이지 않는 신을 이야기하기에 이른다.
　현재 인간이 누리고 있는 모든 문화적 특혜는 언어로부터 기인한다. 모든 동물들이 불이 무서워 피하는 것과는 달리 인간만은 불을 이용하게 되면서 진화와 더불어 숱한 기적을 이루고 명실 공히 만물의 영장다운 지위를 스스로 확보하게 된 것이다.

언어의 부작용

한편 인간의 모든 번민 또한 언어에 기인한다. 언어를 사용하여 복잡한 의사소통이 가능하게 되면서 이해와 소통만이 아니고 오해와 논쟁이 발단이 되어 분쟁과 전쟁까지 유발하게 된다. 의도적인 거짓이 가능하게 되면서 남을 속이게 되고 시비가 벌어지면서 대립과 충돌로 인간관계는 금이 간다. 말이 통하지 않으면 동질성을 잃고 고립되며, 대화 상대가 없으면 외롭고 괴로워한다. 미래를 걱정하게 되고 건강 걱정, 살림 걱정에 자식 걱정, 부모 걱정, 나라 걱정 등 모든 걱정이 언어로 이루어진다. 일상생활의 번민에서 인간 존재에 대한 근원적 물음에 이르기 까지 인간의 모든 고뇌가 언어를 통해 가능해진 것이다. 갖가지 욕망이 헝클어진 언어의 실타래가 되어 꼬이고 얽혀 생각이 그 속에 얽혀 괴로워한다.

철학은 삶의 의문과 근원적 고뇌에 대한 해법을 언어로 설명하고자 한다. 그러나 언어는 인간의 시각에서 생성된 단편적인 내용이 담긴 기호일 뿐이고, 표현되기 위해서는 순서와 시간에 의존할 수밖에 없는 선조적인 한계를 갖고 있다. 언어의 이러한 한계 때문에 다양하고 다층적인 사람의 마음이나 포괄적인 인간 세상의 이치, 자연의 섭리를 설명하고자 하나, 돌아서면 빠뜨린 부분과 새로운 측면이 끊임없이 나타나게 되면서 각종 학설만 무성하게 된다. 언어로 접근한 철학이 언어의 벽에 부딪치게 되는 것이다. 일상생활을 영위하기 위한 도구로 사용하던 언어를 가지고 마음의 문제를 해결하고자 한 것 자체가 언어의 사용 목적에 맞지 않는 오류인 셈이다.

 기독교는 말씀을 학습하고 기도문을 외우며 기도를 올림으로써 일상의 상념을 잊고 오로지 신과 대면하도록 유도한다. 불교는 선을 통해 무념무상의 상태에 몰입함으로써 상념으로부터 자유로워진다. 이들 종교적 치유 방법에서 공통적으로 보이는 특성은 언어를 고르고 정리하여 한 방향으로 유도함으로써 일상의 언어를 잊게 하고 있음을 알 수 있다. 대부분의 고뇌는 머릿속의 언어가 꼬여서 정리되지 않는 상태에서 느끼는 현상이다. 마음속에 번민이 가득할 때 그 번민을 글로 적어보거나 누군가에게 털어놓는 것만으로도 치유의 효과를 보게 되는 것은 꼬였던 언어가 스스로 풀려 정리되기 때문이다.
 우리의 전통 문화 속에는 언어에 의해 입게 될 피해를 줄이기 위한 삶의 지혜가 보인다. "벽에도 귀가 있다", "낮말은 새가 듣고 밤말은 쥐가 듣는다" 하여 늘 말을 조심하도록 하는가 하면, "말이 아니면 타지를 말고 길이 아니면 가지를 말라" 하여 언어를 승마에 비유함으로써 언쟁에 휘말리는 것을 경계하기도 한다. "입살이 고살"이라든지 "말이 씨가 된다" 하여 말에 깃든 영 즉, 언령 사상에 입각하여 언어로 인해 초래될 재앙을 예고한다. 자기 PR의 시대인 현대에 있어서 마저 "웅변은 은이요 침묵은 금"이라 하여 말수를 적게 하는 지혜를 가르치고 있다. 언어를 재앙의 씨앗으로 보는 경험적 지혜인 셈이다.

언어를 비우는 지혜

 한국 불교계의 큰스님이신 성철스님께서 열반시에 남긴 "내말에 속지 말라, 나는 거짓말 하는 사람이여"라는 말은 유명하다. 깨우치고자 하는 사람은 말이라는 도구 안에서만 생각하지 말라는 가르침일 것이다. '무소유'라는 수필집으로 알려진 법정스님께서 홀로 있음의 자유와 세상의 흐름을 거꾸로 바라보게 함으로써 얻게 되는 자유를 일깨워준 것도, 언어에 의해 생성되고 부풀려진 인간의 과욕으로부터 자유로워지는 지혜를 가르친 것은 아니었을까. 선종하신 천주교의 김수환 추기경께서 스스로를 '바보'라고 부르며 자신을 낮추었던 것도, 자신의 생각과 언어를 낮추고 줄여가는 비법은 아니었던지 감히 짐작해 본다. "사랑이 머리에서 가슴으로 내려오는 데 70년이 걸렸다"는 추기경의 말도 머릿속에서 언어로 생각하던 사랑을 언어가 아닌 가슴으로 느끼는 데 그만큼 오래 걸렸다는 뜻이었을 것이다. 일본의 방황하던 젊은 승려 코이케 류노스케가 써서 베스트셀러가 된 '생각을 버려라'라는 책에서 자기로부터 자유로워지기 위해 생각하지 않는 명상 수행을 권하고 있는데 결국 언어를 버리라는 말과 통한다. 언어를 버리게 되면 생각을 할 수 없을 것이고 생각을 하지 않으면 모든 번뇌로부터 자유로워질 수 있기 때문이다. 각종 명상 교실에서 '내려놓으라'는 말을 자주 듣게 되는 것도 잡다한 걱정과 생각을 내려놓으라는 말이라는 점에서 언어를 버리라는 말과 같다 하겠다. 인간 번뇌의 화근은 언어로부터 기인하므로 언어를 버리라는 공통의 치유법을 제시하고 있는 것이다.

현재 자신을 괴롭히는 생각을 서툰 외국어만으로 정리해 본다면 유치한 표현의 한계 때문에 심각함을 표현할 엄두가 나질 않을 것이다. 더 나아가 배운 적이 없는 수화로 표현해야 된다면 아무 것도 표현할 길이 없을 것이다. 자기가 잘 아는 언어의 사용을 깨끗이 중지하고 대상을 가슴으로 느끼고 자연과 예술을 몸으로 느끼는 훈련을 쌓는다면 언어로부터 자유로운 인식 활동이 가능해질 것이다.

흔히 하는 명상이나 멍때리는 시간도 언어를 비우는 것과 원리는 다르지 않다. 언어를 비우는 일은 뇌를 쉬게 하는 일이어서 뇌 건강에도 좋고 창의력 신장에도 도움이 된다. 언어를 선별적으로 비우는 방법도 있다. 많은 치유법에서 공통적으로 긍정의 마인드를 강조하는 것도 선별적 비우기에 해당한다. 긍정적이고 희망적이며 뜻이 좋고 발음이 아름다운 언어를 선별하여 사용하는 화법을 구사한다면 각종 문제 해결 능력의 향상이나 마음속 평화를 유지하는 데에 크게 도움이 될 것이다. 이러한 화법이 습관화 되면 화자의 긍정적 마인드 형성으로 이어진다.

도구를 잘 못 사용하면 도구가 망가지거나 사용자가 다치게 된다. 언어라는 도구를 잘못 사용하여 뇌가 고장 나게 되면 사용자는 말 수가 적어지거나 생각이 풀리질 않아 골치가 아프고 고민이 깊어진다. 사용자의 뇌가 고장 나게 되면 정신병이나 우울증에 빠져 앓아눕게 된다. 자동차의 성능이 발달하여 기능이 향상될수록 사고로 인한 피해는 그만큼 더 커지기 마련이다. 언어라는 도구의 경우에도 문명화 된 사회에서 교육 수준이 높아질수록 지적 수준이 향상됨에 따라 언어의 표현 능력은 향상되지만 욕망의 크기도 커지고 고뇌의 깊이도 더해져 인간이 감당하기 어려운 각종 현대적 병리로 이어진다.

일상에서 사용하는 도구를 늘 갈고 닦고 점검하여 성능을 유지하고 잘 보관하여 수명을 연장하듯, 우리의 생활 도구인 언어도 갈고 닦아 좋은 성능으로 사용법에 맞게 사용하되 무리하게 남용하지 않고 잘 관리하여야 사용자에게 도움이 될 것이다. 언어라는 도구를 보다 유익하게 사용하기 위해서는 필요한 곳에서 필요한 만큼만 사용하여 언어의 과다 사용에서 오는 폐해를 줄이고, 때로는 보관함에 넣어 둠으로써 언어로부터 자유로워지는 시간을 늘려가는 지혜가 필요하다. 언어라는 프리즘을 통하지 않고 자연과 예술을 직접 느껴보기도 하고, 상대의 마음을 느낌으로 받아들이고 자신의 마음을 상대에게 느낌으로 전하는 방법을 익혀 볼 일이다.

이 글을 읽는 모든 젊은이들이 그 동안 열심히 키우고 길들여 온 자신의 언어 도구를 잘 관리하고 조절함으로써 마음의 평화를 유지하면서 건강한 두뇌로 번득이는 창의력을 발휘할 수 있게 되기를 바란다.

어지럽게 파도치는 언어의 바다에서 짬을 내어 가까운 항구에 배를 대고 뭍에 올라보자. 숲길을 걸으며 솔내음에 취해보고, 솔바람 소리 사이로 들리는 계곡 물 흐르는 소리와 지저귀는 새소리에 귀 기울여 보자. 언어를 지우고 열린 감각으로 자연과 교감할 때 느껴지는 평화로움 속에서 진정한 자유를 만날 것이다.

책을 펴세요, 당신의 생활이 행복해 집니다

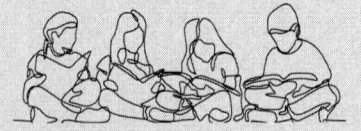

이만수 전 대진대학교 교수, 문학 박사

젊은이에게 들려주고 싶은 이야기

　세월은 쏜살같이 빠르다. 오늘 이 시간은 다시는 돌아오지 않는다. 오늘의 시간은 오늘 밖에 없다.
　유치원에 입학한지가 엊그제 같은데 벌써 대학생이 되었다. 대학에 입학한 지가 엊그제 같은데 벌써 졸업이다. 우리에게 주어진 시간은 그리 많지 않다. 그러므로 길게 써야 한다.
　인간관계에는 적어도 4가지는 평등하다. 시간이 평등하다. 모든 인간이 똑같이 가지고 있는 하루는 24시간이다. 죽음이 평등하다. 대통령이라고 죽지 않는가? 누구도 죽음을 피할 수 없다.
　책이 평등하다. 부자가 읽는 책이 있고, 가난한 자가 읽는 책이 따로 있지 않다. 그런데 이상하게도 부자들은 부자가 되는데 필요한 책을 읽었음을 알 수 있다.
　그 다음으로 평등한 것이 친구이다. 인생을 살아가면서 어떤 친구를 만나느냐가 중요하다. 어떤 회사 입사 면접에서 입사하기 전에 제일 친한 친구를 대 여섯 명 써보라 했더니 응시자 대부분이 두 사람도 제대로 쓰지 못했다고 했다. 좋은 친구를 만나자. 관중과 포숙의 사귐과 같은 허물없는 사이를 관포지교(管鮑之交)¹⁾라고 하는데 그런 친구를 만나자. 서로 거역하지 않는 막역지우(莫逆之友)²⁾ 친구가 되자. 좋은 친구와 교제하는 것도 행복의 삶이다.

사랑하는 제자들에게 하고픈 말이 수불석권(手不釋卷)이다. 항상 여러분의 곁에 책을 두어라. 손에서 책을 떼지 말자. 책을 읽어라. 책을 친구로 삼아라. 우리들이 살아가는 현대 지식사회에서 필요한 지식과 정보를 획득하는 가장 효율적인 방법이 독서이다. 글이나 책을 읽는 행위이다.

미래학자 토플러는 코엑스 컨벤션홀에서 청소년 300명을 대상으로 한 강연에서 "미래를 상상하려면 지금 책을 읽어라."라고 강조하였다. 또한 "비슷한 것을 반복적으로 배우는 학교는 마치 공장을 연상시킨다,"고 하면서 다양성 확대를 주문하였다. 그리고 자신을 '독서 기계'라고 소개하고 "미래에 대해 상상하기 위해서는 독서가 가장 중요하다. 미래를 지배하는 힘은 읽고, 생각하고, 커뮤니케이션하는 능력"이라고 말했다.

독서는 우리들에게 지식과 정보를 준다. 우리가 획득한 정보가 지식이 되고, 그 지식이 지혜가 되어 행복한 생활을 할 수 있는 밑거름이 된다.

젊은이들이여! 생각하고 행동하자. 행동은 생각에서 나오다. 생각이 거칠면 거친 행동이 나오고, 생각이 바르면 바른 행동이 나온다. 자녀 교육에 있어서 가정환경이 중요하다. 가정에서 부부 간의 갈등과 불화는 자녀에게 영향을 미친다. 형제자매 간에 자주 다툰다. 친구들과도 잘 싸운다. 이런 행동은 독서를 통해서도 치료가 가능하다. 바로 독서치료이다. 독서를 통해서 치료가 된 사례가 많다. 싸움도, 부적응도 줄여준다. 전문가를 통해서 선정된 책을 읽으면 효과가 빠르다.

직장생활하기 전 대학 때는 시간이 그래도 많은 편이다. 전공 공부도 해야지만 다양한 경험을 해야 한다. 우선 좋아하는 일을 하라. 잘하는 일을 하라. 보람 있는 일을 하라. 그리하면 원하는 소위 좋은 직장을 구할 수 있을 것이다.

버락 오바마 어머니는 오바마에게 여섯 가지를 당부하였다.

첫째 남을 배려하는 마음을 갖게 하라. 둘째 남과 더불어 살아라. 셋째 책을 읽고 토론하는 분위기를 만들어라. 넷째 역할모델을 찾아라. 다섯째 먼저 좋은 친구가 되라. 오바마는 자서전에서 "어머니의 교육방법이 밑 걸음이 되어 하버드 대학을 졸업하게 되었고, 미국의 대통령이 되었다."고 술회하였다.

봉사하는 생활을 하자. 봉사처럼 좋은 친구는 없다. 봉사는 내가 필요한 대상을 찾아 나의 사회적 필요성을 확인해 주기도 한다. 봉사는 내가 존재한다는 사실을 인식하는 방법 중 하나다. 누군가에게 힘이 되는 친구라는 사실은 나에게 자신감과 자존감을 안겨주고 자신을 대견하게 생각하고 아끼게 한다.

봉사는 나의 사랑이고 '내 안에 나'라는 친구를 만드는 행위이다. 내가 필요한 사람에게 내가 먼저 다가가니 그들이 고마워하며 나를 반가이 맞이하고, 서로를 의지하게 되니 이런 친구가 어디 또 있겠는가?

언젠가 봉사 현장에서 만난 모 중견 그룹의 전 회장께서 한 말씀이 생각난다. "나는 나이가 들면서 한 가지는 꼭 지키려고 한다. 그 중 하나가 과거에 맺은 봉사를 계속하는 하는 일"이라고 하였다. 그러면서 "봉사라는 새 현장에서 새 인연도 만들어가겠다."는 요지의 말씀도 하였다. 봉사는 인생 후반부를 함께할 동반자이다. 직장생활을 마무리한 후, 인생 후반부에 오히려 더 많은 친구와 인연을 이어가고 있다. 바로 봉사를 통해 맺은 인연들이다. 현대의 인간은 혈연집단인 게마인샤프트(Gemeinschaft)[3] 즉 공동사회 보다는 이익집단인 게젤샤프트(Gesellschaft)[4]에 즉 이익 사회에서 대부분의 시간을 보내게 되면서 이해타산에 얽힌 인간관계를 이어가게 된다. 그렇기 때문에 더욱더 사회봉사가 절실하다. 젊었을 때부터 봉사의 길을 걷자. 봉사가 내가 살아가는 중심이 되게 하자. 나를 돌아보자.

나를 돌아보고 자신에게 희망을 품고 긍정적으로 노력하다 보면 성공이라는 달콤한 열매가 우리를 기다리고 있을지도 모른다.

행복한 생각이 행복한 삶을 만든다

　행복한 삶이 무엇일까? 누구나 생각하고 끝없이 묻는 질문이다. 행복한 삶은 내가 하고 싶은 바람직한 일을 하면서 즐겁게 살 수 있는 것이 아닐까. 돈은 적게 벌어도 내가 하고 싶은 것을 하면서 나의 적성을 찾아서 일하면서 살 수 있는 것이 행복한 삶이다.
　어떤 사람은 정신적 가치를 추구하며 사는 삶이라고 하고, 돈과 같은 물질적 가치를 추구하다보면 불행질 수 있다고 말한다. 정신적 가치에는 진선미성[5]이 있다. 진은 지적 가치이며 도덕적 가치는 선이고 미적가치가 미, 종교적 가치가 성이다. 결국 우리는 도덕적으로 삶을 살아야만 진정한 행복을 느낄 수 있는 것이다.
　또 어떤 이는 수복강녕[6] 즉 오래 살고 복을 누리며 건강하고 평안한 것을 행복한 삶이라고 했다.
　'행복한 삶'은 미래의 희망이기도 하지만 현재의 과정이다. 어떤 이는 "인생은 결코 결과나 높이가 아니라 과정과 느낌"이므로, "인생의 묘미는 과거를 제대로 기억하고, 미래를 진지하게 조망하면서도, 현재를 재미있고도 의미 있게" 살아야 한다고 말한다. 바로 그 과정에서 우리가 함께 손잡고 걷는다면, 어두운 현실에서 희망의 빛을 찾을 수 있지 않겠느냐고 묻는다.

'인문학'이란 결국 인간과 사회와 역사에 대한 깊은 통찰 속에서 '어떻게 살아야 할 것인가'를 묻는 과정이라 할 수 있다.

인생을 즐겁고 행복하게 만들기 위해서 심리학에서는 다음과 같이 조언한다.

1990년대 초반 이후 긍정심리학이라는 말을 심리학 내외로부터 심심치 않게 들을 수 있었다. 이는 기존의 심리학에서 벗어나, 우리 자신의 인생을 즐겁고 의미 있도록 만드는 요인들이 무엇인지 심리학적으로 접근하려는 노력을 말한다.

긍정심리학자들이 우리에게 이야기해 주고 있는 것은 무엇일까? 가장 중요한 점은 우리를 진정으로 즐겁게 만드는 것들을 우리 자신이 간과하고 있다는 것이다. 그리고 이러한 간과는 다른 것을 행복의 원인으로 잘못 생각하게 만들곤 한다. 우리가 흔히 오해하고 있는 것과 중요하게 생각해야 할 점들은 무엇일까?

돈으로 살 수 있는 행복의 양은 매우 미미하다. 다시 말해서 부자가 보통 사람들보다 더 행복할 가능성은 크지 않다. 다만 가난은 우리에게 행복하지 못할 가능성을 크게 만들곤 한다. 그렇다면 돈은 무엇일까? 사람들이 강연과 집필을 통해 자주 강조하는 점이지만, 돈 그 자체는 행복 촉진제라기보다는 불안 완화제의 성격이 더 강하다. 지갑 속에 넉넉하게 현금을 넣어 둔 날은 마땅히 쓸 일이 없으면서도 집을 나설 때 왠지 안심 할 수 있게 만들어준다.

바꾸어 말하면 이것이 바로 돈으로 행복을 살 수 없는 분명한 이유다. 돈으로는 사람의 마음을 살 수 없으며, 내 머리가 좋아지지도 않는다. 이는 돈을 '제대로' 써야만 가능한 일이다.

죽음을 앞둔 사람들 중에는 "ㅇㅇ에게 좀 더 잘할 걸" 혹은 "사람들에게 좀 더 착하게 대했어야 했는데?"라고 후회하는 사람이 많다고 한다.

왜 그럴까? 행복의 중요한 원천 중 하나가 사람들과의 관계이기 때문이다. 그런데 우리는 먼 미래의 행복을 위해서라며 무언가를 열심히 할 때 현재의 내 주위에 있는 많은 사람들과의 관계를 소홀히 하곤 한다.

사실 행복한 사람들은 사회성이 상당하며 과묵하기 보다는 대화를 즐기는 것으로 알려져 있다. 또한 다양한 측면에서 정서적으로도 메마르지 않고 풍부한 것으로 나타난다. 논리와 이성적인 차가운 모습, 엄숙한 모습, 혹은 냉철함만을 중요한 지향점으로 살아간다면 분명 많은 것을 잃을 수밖에 없을 것이다.

요즘 젊은이들 가운데 불안한 현재와 불확실한 미래를 걱정하기보다는 한번뿐인 인생 지금 당장 내가 하고 싶은 대로 후회 없이 살자는 소위 욜로 (you only live once) 족[7]이 새로운 추세로 떠오르고 있다고 한다. 지금 아무리 열심히 노력해도 미래에 집을 장만하고 좋은 차를 사기는 어렵고 티끌 모아 태산이 아니라 티끌이라고 생각하면서 "지금 당장 내 취향대로 하고 싶은 것, 먹고 싶은 것을 마음껏 하면서 살자, 한번뿐인 인생 지금이 행복해야 된다."라고 생각한다.

또한 요즘 젊은이들 가운데는 덜 일하고, 덜 벌고, 덜 쓰고, 현재의 삶에 안주하는 달관세대[8], 득도세대, 포기세대 등이 있고, 빈둥빈둥하면서 사는 니트 족[9]과 부모에게 기대어 사는 캥거루 족[10]과 평생을 아르바이트를 하는 아르바이터들이 있다고 한다. 그런 사람들과는 반대로 골로 족, 알뜰 족이 있다. 욜로 족과 같이 살다 보면 노후에 골로 간다고 하는 사람들로서 규모 있게 절약하고 미래를 설계하고 대비하자는 사람들로 무 지출 데이, 노 머니 데이 등 알뜰소비를 하고, 한 달 사용한 영수증과 카드 내역서 등을 모아 비교·평가하고, 토론을 해서 절약할 수 있는 노하우와 지혜를 나누는 젊은 사람들이라고 한다. 포인트를 현금 전환하는 앱 태크와 소액적금을 하는 짠 테크를 하는 짠돌이 짠순이들이다.

가늘고 길게 살기보다는 굵고 짧게 사는 것이 좋다고 하는데, 인간의 생명은 내 마음대로 할 수 있는 게 아니다. 그래서 장수가 재앙이 아닌 축복으로 살아야 하고, 불행하고 비참한 긴 노후가 되지 않기 위해서는 미래를, 노후를 준비하면서 살아야 한다는 것을 깨달아야 한다. 우리 인생의 내비게이션이 제대로 작동하고 있는지 점검하면서, 오늘의 시련과 고통과 아픔이 미래의 행복이고, 기쁨이라는 것을 알아야 한다.

행복한 삶은 즐거운 삶이다. 행복한 삶을 만들어 주는 것은 의미 있는 삶이다.

행복과 기쁨은 우리가 그 느낌들을 향해 많은 노력을 해야만 하는 '가지는 것'이다. 그런데도 우리는 노력을 하기 보다는 상황과 타인이 나를 행복하게 만들어 주기를 기다린다. 그 행복은 나 자신에 의해서만 가능한데도 말이다. 나 자신이 스스로 노력해야만 행복한 삶이 가능하다. 행복한 삶을 영위하기 위해서는 행복한 생각을 해야 한다.

두 손에는 책이 가득!, 가슴속엔 꿈이 가득!

나를 멋진 명품으로 만들자

나는 누구인가? 나는 이 세상에서 누구도 대체할 수 없는 유일무이한 존재이다. 그러므로 내가 중요하다. 만일 내가 존재하지 않는다면 다른 존재가 무슨 의미가 있을까? 내가 없으니 다른 존재도 없는 것이다. 이 세상에 한번 태어나서 살다 가는 것이 자연의 법칙인데 이 법칙을 거슬러 살 수 있는 사람은 아무도 없다. 태어나 직업인으로, 전문인으로, 혹은 정치인으로 경제인으로, 문화인으로 살다가 목숨을 다할 때까지 사는 것이다. 그런데 우리는 내가 사는 무대에서 조연이 아니라 주인공으로 살기를 원한다. 그러나 그것이 내가 원하는 대로 되는 것이 아니다.

소위 성공했다 하는 사람들의 면모를 보면 그냥 된 사람은 한 사람도 없다. 무엇인가 남과 다르게 생활했다. 목표를 세우고 차근차근 꾸준하게 한 걸음 한 걸음씩 노력했음을 발견할 수 있다.

한남대학교 염홍철 석좌교수는 학생들에게 '일과 성공'에 대해 강의를 하는 것이 많이 부담스럽다고 하면서 직업을 선택할 때, '어떤 가치와 기준을 가져야 하나?', '참다운 성공이란 무엇인가?'에 대해서 단일한 정의를 내릴 수 없기 때문에 더욱 부담스럽다고 했다. 그는 '공무원이나 대기업에 들어가기 위해 열심히 공부해라'거나 '돈을 많이 벌고 사회적 지위를 획득하는 것이 성공'이라고도 말하지 않았다.

일은 '열정과 재능'이 결합해야 한다고 강조하였다. 하고 싶은 일을 할 때 열정이 생기는 것이고, 하는 일에 재능이 있어야 잘 할 수 있다고 했다. 두 가지가 만족 되면 돈이나 사회적 지위는 고려하지 않아도 그것이 성공이라고 말했다. 그렇게 하는 것이 의미 있는 삶이고 행복과 보람을 보하는 것이라고 강조하였다.

물론 자신에게 어떤 재능이 있는지를 모르는 경우도 있고, 일을 하면서 잠재된 능력이 발견될 수도 있다. 그러나 하고 싶은 일과 잘 할 수 있는 일을 찾아내려는 노력이 무엇보다도 중요하다고 했다.
'다른 사람의 기준'에 맞추거나 '남에게 보여주기 위한 것'은 진정한 성공이라 할 수 없다.

의미 있는 일을 하는 것이 성공이고, 이와 같은 성공을 통해서만이 삶의 질서가 만들어지며, 그것이 자신의 정체성이 되는 것이 된다고 하였다.

성공이란 우선 그 일에 흥미가 있어야하고, 흥미만으로는 부족하다는 것을 깨닫고 더 열심히 노력해서 일정 수준 이상에 도달하는 것을 말한다.

또한 성공에 대해서 오쇼 라즈니쉬는 〈성공이란 무엇인가〉란 책의 본문에서 다음과 같은 내용을 발견할 수 있다.

"저는 항상 전 세계적으로 유명하고 부유하고 성공한 사람이 되는 꿈을 꾸어왔습니다. 제 꿈이 성취될 수 있도록 도움이 될 만한 이야기를 해주시겠습니까? 아니다. 그럴 수 없다. 그대의 꿈은 자살과 같기 때문이다. 나는 그대가 자살하도록 도와줄 수 없다. 나는 그대가 성장하고 존재하도록 도와줄 수는 있지만, 자살을 감행하도록 도와줄 수는 없다. ...(중략)... 그의 에너지는 정치적인데, 그가 과연 시인이 될 수 있겠는가? 부자가 되려고 노력하는 사람이 진정한 화가가 될 수 있는가? 그의 에너지는 온통 부자가 되는 것에 집중된다. 화가는 자신의 모든 에너지를 그림에 쏟아 부어야 한다. 그리고 그림은 지금 여기에 존재하는 것이다. 부유함은 미래의 어딘가에 있을지도 모르는 것이다. 그것이 따라올 수도 있고 그렇지 않을 수도 있다. 반드시 그렇게 되는 것은 아니며 아주 우연한 기회에 따라오는 것이다.

성공과 명성은 우연히 얻어지는 것이다. 그러나 지복은 우연히 얻어지는 게 아니다. 나는 그대가 지복에 들도록 도와줄 수 있다. 그대는 그림을 그리면서 지복을 얻을 수 있다. 그대의 그림이 유명해지거나 아니거나, 그대가 피카소가 되거나 안 되거나 하는 것은 중요한 문제가 아니지만, 나는 그대가 그림을 그리면 피카소조차 그대를 질투하게 되도록 그림을 그리게 도와줄 수 있다. 그대는 자신의 그림에 완전히 빠져들 수 있다. 그리고 그것이 진정한 기쁨이다. 그것이 바로 진정한 사랑과 명상의 순간들이다. 그런 순간들은 신성하다. 신성한 순간이란 그대가 완전히 몰입하여 그대의 모든 경계가 사라지고, 그대는 없고 신성(godliness)이 존재하는 때이다.

하지만 나는 그대가 성공하도록 도와줄 수 없다. 나는 성공에 반대하지 않는다. 그리고 나는 다시 말해주겠다. 나는 성공을 하지 말라는 말이 아니다. 나는 그 어떤 것도 반대하지 않는다. 그것은 완벽하리만치 좋은 일이다. 내가 말하는 바는, 성공을 그대의 동기로 삼지 말라는 말이다. 그렇지 않으면, 그대는 바로 지금 그림과 시와 노래를 놓치고 말 것이다. 성공이 찾아오면, 그대의 두 손은 텅 비게 될 것이다. 성공으로 성취할 수 있는 사람은 아무도 없기 때문이다. 성공은 그대에게 자양분이 될 수 없다. 성공에는 아무런 영양분이 없다. 성공은 그저 뜨거운 공기와 같다. (중략)

나를 멋진 명품으로 만들려고 한다면 성공에 관한 책을 읽자. 그 책 속에 성공의 길이 있다. 나에게 맞는 성공 비결을 찾을 수 있다.

오쇼[11]의 〈성공이란 무엇인가〉란 책을 읽어 보기를 권유한다.

그리고 랄프 왈도 에머슨[12]의 〈성공이란 무엇인가〉란 시 한편을 일독하기를 바란다.

책만 읽는 바보가 되자

요즈음 독서가 중요하다고 자꾸 말하면 바보라 해도 좋을 듯하다. 독서의 중요성을 여러 번 반복하거나 끊임없이 계속하여 말하면 정말 어리석을까?
신문도, 책도, 인터넷도, TV도 온통 독서나 논술이다. 인터넷 검색창에 독서라는 단어로 검색하면 많은 정보가 나타난다. 독서 정보의 홍수이다. 읽으면 행복하다. reader가 leader가 된다. 독서하는 사람이 아름답다. 자칭 독서 전문가라고 하는 필자가 자주 쓰는 말이다.

형암 이덕무는 자기 자신을 "책만 읽는 바보" 즉 "간서치(看書癡)"라고 불렀다고 한다. 그래서 필자도 독서를 자꾸 말하면 "바보"라고 말해 본 것이다.
정민 교수가 쓰고 도서출판 푸른역사가 펴낸 『미쳐야 미친다』- 조선 지식인의 내면 읽기 - 라는 책을 읽고 문득 생각해 보았다. 정민 교수는 "「불광불급(不狂不及)」 미치지(狂) 않으면 미치지(及) 못한다. 세상에 미치지 않고 이룰 수 있는 큰일이란 없다. 학문도 예술도 사랑도 나를 온전히 잊는 몰두 속에서만 빛나는 성취를 이룰 수 있다."고 주장하였다. 그 말은 남이 미치지 못할 경지에 도달하려면 미치지 않고는 안 된다는 뜻이다. 미쳐야 미친다.

미치려면[及] 미쳐라[狂]. 주위 사람들에게 광기(狂氣)로 비칠 만큼, 몰두하지 않고는 결코 남들보다 우뚝한 위치에 설 수 없다는 것이다.

형암 이덕무가 바로 이런 사람이다. 형암은 조선 후기의 실학자이다. 본관은 전주이며 호는 형암(炯庵)이다. 서얼(庶孼)[13] 출신으로 가난한 환경에서 자랐고, 정규교육을 받지 못했으나, 박람강기(博覽强記)[14]하고, 시문(詩文)에 능하여 젊어서부터 이름을 떨친 사람이다. 글자나 역사적 사실에 대한 고증부터 역사, 지리와 초목, 충어(蟲魚)의 생태에 이르기까지 그의 지식은 방대하고 다양했다. 홍대용, 박지원, 성대중 등과 사귀고, 박제가, 유득공, 이서구 등과 함께 『건연집(巾衍集)』이라는 시집을 출간하였다. 이 시집이 청나라에까지 전해져서 이른바 사가시인(四家詩人)의 한 사람으로 이름을 날리게 되었다.

그는 경사(經史)[15]에서 기문이서(奇文異書)[16]에 이르기까지 통달하여 박학다재(博學多才)[17]하고 문장이 뛰어났으나 서자였기 때문에 관직에 높이 오르지 못하였다.

정조 2년에(1778년)는 중국에 여행할 기회를 얻어 청나라의 문사들과 교류하고 돌아왔으며, 1779년에 정조가 규장각을 설치하여, 여기에 서얼 출신의 우수한 학자들을 검서관(檢書官)[18]으로 등용할 때 박제가, 유득공, 서이수 등과 함께 수위(首位)로 뽑혔다. 또한 정조의 총애를 받으며 규장각에서 『국조보감』, 『대전통편』, 『무예도보』, 『규장전운』, 『송사전』 등 여러 서적을 편찬하고 교감하는 데에 참여하였고, 또한 많은 시편(詩篇)도 남겼다.

형암은 문자학인 소학, 박물학인 명물에 정통하고, 전장(典章), 풍토(風土), 금석(金石), 서화(書畵)에 두루 통달하여, 박학(博學)적 학풍으로 유명하였다. 그는 명나라와 청나라의 학문을 깊이 이해하고, 후배들의 청조 고증학 연구의 토대를 마련하였다. 그의 사상은 정약용, 김정희, 김정호 등에게 영향을 주었다. 형암은 그림을 잘 그렸고, 글씨에도 능하였으며, 경전과 각종 서적에 통달하고 문장에 뛰어난 독서가이다. 책에 미친 바보이다.

형암은 독서를 하면서 유익한 점 네 가지를 깨달았다고 한다.

첫째, 굶주린 때에 책을 읽으면 소리가 배에 낭랑하여 그 이치(理致)와 지취(旨趣)[19]를 잘 맛보게 되어서 배고픔을 느끼지 못하게 된다.

둘째, 차츰 날씨가 추워질 때 읽게 되면 기운이 소리를 따라 유전하여 체내가 편안하여 추위를 잊을 수가 있게 된다.

셋째, 근심, 걱정으로 마음이 괴로울 땐, 눈은 글자에 마음은 이치에 집중시켜 읽으면 천만 가지 생각이 일시에 사라지게 된다.

넷째, 감기를 앓을 때에 책을 읽으면 기운이 통하여 부딪힘이 없게 되어 기침소리가 갑자기 그쳐버리게 된다는 것이다. 이런 유익한 점이 있는 독서를 사람들이 게을리 한다고 하면서 독서할 것을 거듭 권고하였다.

형암의 독서 목적은 여가 선용과 즐기기 위함이며 인간이 되기 위함이라고 하였다.

형암은 기본적으로 책을 많이 읽어야 한다고 생각하였다. 수만 권의 책을 읽고, 수백 권의 책을 베꼈다. 그는 책을 읽을 때, '외우는 것보다는 뜻을 이해할 것'을 주장하였고, '글의 요지를 잘 파악해야 한다.'는 것을 강조하였다. 그러므로 형암의 독서는 박이정(博而情)[20] 독서법이라고 할 수 있다.

형암의 독서 및 글쓰기 방법은 다독주의이며 뜻을 이해하는 것이다. 또한 스스로 읽는 것이다. 사군자(士君子)라면 반드시 책을 읽어야 한다고 강조하였다.

형암의 독서는 학문과 교육을 통해 실학을 이루려고 했던 그의 학문적 자세의 소산이라 할 수 있다. 또한 조선시대 유학자들의 도학주의 형태의 독서관에서 다산 정약용에 이르러 확고해진 문제해결 형태의 독서관으로 이행하고 있던 당시의 독서관을 대표적으로 보여 주고 있다.

형암 이덕무처럼 책만 읽는 바보가 되자. 독서하는 사람이 아름답다.

 용어

1) 관포지교(管鮑之交) : 관중과 포숙의 사귐이란 뜻으로, 우정이 아주 돈독한 친구 관계를 이르는 말이다.
2) 막역지우(莫逆之友) : 서로 거스름이 없는 친구 즉 허물이 없이 아주 친한 친구를 이르는 말이다.
3) 게마인샤프트(Gemeinschaft) : 공동사회
4) 게젤샤프트(Gesellschaft) : 이익사회
5) 진선미성(眞善美聖) : 인간이 본성적으로 추구하는 4대 덕목으로 진실하고 착하고 아름답고 정결함이다.
6) 수복강녕(壽福康寧) : 오래 살고 행복을 누리며 건강하고 편안한 삶을 유지하는 것을 말한다.
7) 욜로(you only live once) 족 : 한번뿐인 인생 지금 당장 내가 하고 싶은 대로 후회 없이 살자는 사람들
8) 달관세대(達觀世代) : 사회일반 높은 청년실업률로 인해 취업경쟁이 심해져 욕심없이 주어진 현실에 만족하며 살아가는 세대.
9) 니트(NEET/Not in Education, Employment or Training) 족 : 일하지 않고 일할 의지도 없는 청년 무직자를 뜻하는 신조어
10) 캥거루 족 : 대학을 졸업한 후에도 경제적으로 자립할 수 없어 부모님과 동거하는 청년들.
11) 오쇼(Osho Rajneesh) 1931에 태어나 1990년 사망한 인도 철학자이다. 본명은 라즈니쉬 찬드라 모한으로, '축복받은 스승'을 뜻하는 '바그완 시리' 라즈니쉬로 불렸다. 말년에는 이름을 '오쇼'로 바꾸었다.
12) 랄프 왈도 에머슨(Ralph Waldo Emerson) 1803년 미국 메사추세츠 주에서 태어나 1821년 하버드 대학에 입학, 하버드 신학교 중급반에 입학, 콩코드에 집 마련하여 '자연'을 주제로 한 글과 일련의 강연 원고를 썼다.
13) 서얼: 양반의 자손 가운데 첩의 소생을 이르는 말.
14) 박람강기: 여러 가지의 책을 널리 많이 읽고 기억을 잘함.
15) 경사(經史): 경사는 경서와 사서를 말한다. 경서: 옛 성현들이 유교의 사상과 교리를 써 놓은 책. 역경, 서경, 시경, 예기, 춘추, 대학, 논어, 맹자, 중용 따위를 통틀어 이른다. 사서: 역사서.
16) 기문이서(奇文異書): 기묘하고 이상한 글과 책.
17) 박학다재(博學多才): 학식이 넓고 재주가 많음.
18) 검서관(檢書官): 규장각의 문서정리와 자료조사 같은 단순한 작업을 하는 사람이다. 책을 교정하는 일을 하였다.
19) 지취(旨趣): 어떤 일에 대한 깊은 맛. 또는 그 일에 깃들여 있는 깊은 뜻.
20) 박이정(博而精): 여러 방면(方面)으로 널리 알 뿐 아니라 깊게도 앎. 즉 '나무도 보고 숲도 본다.'는 뜻.

수불석권(手不釋卷)

항상 손에 책을 들고 글을 읽으면서
부지런히 공부하는 것을 이르는 말이다

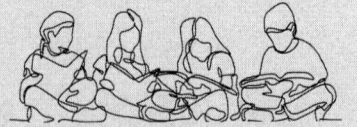

이병찬 전 대진대학교 교수, 문학 박사

제2의 인생

바람이 차다
코끝이 맵다
고개를 들고 하늘을 올려다 본다
오리온좌가 선명하다
어렸을 때 올려다보던 그 자리 그대로인데
이제 전철을 공짜로 타는 나이가 됐다
무료전철 카드를 타던 날의 기분은 지상의 언어로는 표현이 어려웠다
세월이 유수라는 말도 쏘아놓은 화살이란 말도 썩 마음에 들지 않았다
그보다 더 빠르고 더 적절한 말이 있을 법도 한데 머릿속이 공간을 내어 주지 않았다

내 자신을 느낄 시간조차 없이
가르치고 연구하는 것에 최선을 다하며 살았다.
그렇게 살아야 한다고 생각했다
그것이 옳은 것이라고 생각했다

그렇게 살았다
앞만 보고 쉬지 않고 달렸다

40년의 세월이 종이 한 장이었다

'아직 가르칠 것이 많은데'
'아직은 가르칠 수 있는데'

제 2의 인생
귀농
재능기부
새로운 인생의 개척…

머리는 이곳저곳을 기웃거렸다

모로 누워도 바로 누워도 잠은 쉬 찾아주지 않았다

밤새 하얀 성에가 창문으로 찾아왔다
성에 사이로 금빛의 햇살이 신비로운 무늬를 만들어냈다
문을 열자 세상은 아찔한 은빛이었다
차디찬 은빛 사이사이에 뿌려둔 사연들이 햇빛을 받아 반짝였다

논문들에 치여 주위 깊게 보지 못했던 세상
촉박한 시간들 속에서 죽어간 내 안에 소리
숨 돌릴 시간조차 없이 바쁘게 지낸 세월 속에서 밀려난 내 자신
이해시키는 직업을 가지고도 내 자신의 이해는 눈 감아야했던 시간들

질문들에 귀 기울이느라 내 자신의 질문은 묻어두어야 했던 사연들
묻느라 바빠 정작 내 물음에는 침묵해야 했던 순간들

바쁘다는 핑계로
해야 할 일이 많다는 핑계로
수업준비를 해야 하고
연구를 해야 하고
논문을 써야한다는 이유로
페이지를 휙휙 넘겨버렸다
넘겨버리지 않아야 할 것들까지 함께 묶어

잠은 이미 멀리 떠나 보이지 않았다
머릿속은 눈 뜬 아침이었다
행장(行裝)을 꾸려 떠나버린 잠을 쫓아 길을 나서고 싶었다
나에게 길을 물으며
내가 잃어버린 것들을 하나하나 찾아가고 싶었다

눈감고 귀 막고 있었던 것들을
애써 가로저으며 부인했던 것들을
잊고 있었던 것들을
잊으려 했던 것들을
잊어야만 했던 것들을
꾹꾹
묻어두어야만 했던 것들을
밀어내고 밀쳐 두었던 것들을

그들을 찾아가 쓰다듬고 어루만지고 위로하고 싶었다

계절조차 느끼지 못하고 바삐 산 세월이다
봄엔 새싹들과 노래하고 싶다
여름엔 초록잎과 춤을 추고 싶다
가을엔 낙엽 타는 향기가 나는 커피를 마시고
푹신한 낙엽들 위에 누워 가을 햇살과 맞선을 보고 싶다
겨울엔 눈 속에 묻혀 사랑을 하고 싶다

동트는 해를 바라보며 잃어버렸던 시간들과 마주하며 오래오래 바라보고 싶다
석양이 지는 언덕 위에 앉아 내가 버려야만 했던 시간들을 불러내 말 걸고 싶다
노을이 아름다운 날은 『어린왕자』를 생각하며 장미를 사고 싶다
바람이 부는 날은 『폭풍의 언덕』의 히스클리프처럼 캐서린을 목 놓아 부르고 싶다
비가 오는 날은 『쇼생크 탈출』의 주인공처럼 벌거벗고 비를 맞고 싶다
햇빛이 찬란한 날은 샌드위치를 싸들고 나들이를 나가 햇빛과 데이트를 하고 싶다
눈이 오는 날은 『삼포가는 길』을 물어 '백화'를 찾아 나서고 싶다

교정(校庭) 안에
연구실 안에
나를 가두고 산 삶은 40년으로 충분했다

이제 묵살했던 내 질문들에 대답하고 싶다

나에게 집중하고 싶다
나에게 충실하고 싶다
나만을 위한 내 삶을 살고 싶다

하고 싶었던 것들
억누르고 있었던 것들
애써 잊으려고 했던 것들
참아야했던 것들
아무 것도 아니라고
하찮다고 부인했던 것들

그들을 찾아 길을 떠나고 싶다
놓쳐버린 것들을 소리쳐 부르고 싶다
그들을 불러내 화해하고 악수하며 함께 길을 걷고 싶다
그것이 제 2의 인생이라면
앞으로 난 그렇게 살고 싶다.

책장을 넘기는 손, 미래를 움직이는 힘

우리 사회와 전통문화의 현주소

　세계의 어느 민족이든지 민족 나름의 고유한 역사가 있고, 긴 세월 동안 이루어온 문화유산이 존재한다. 이러한 문화유산은 예술작품 외에도 민족 고유의 생활양식인 건축 등 다양한 형태로 전해지고 있다. 그러나 이보다 더 중요한 것은 생활 습속과 의식을 지배해온 종교와 윤리 등의 정신적인 유산이다.
　우리 역사에서 지금처럼 전통문화의 보존과 계승, 발전에 대한 논의가 절실하게 논의된 적이 있었던가 싶다. 우리 문화는 수천 년에 걸쳐서 불교, 유교, 도교 등 서역이나 중국문화의 영향을 받으면서 이루어진 것이다. 그러한 가운데에서 우리의 전통문화를 동양문화의 하나로 독특하게 형성, 계승, 발전시켜 왔음은 주지의 사실이다.
　그런데 개화기 이후 지속된 서구문화와의 무분별한 접촉은 기존의 질서에 대한 커다란 변화를 가져올 수밖에 없었다. 그것은 동양적 사상과 윤리의 바탕이 군신 관계나 가족제도를 주축으로 하는 종적 체계인데 반하여, 근대적인 서구사상이나 윤리관은 인간 개체를 중심으로 한 합리주의에 기반한 것이기 때문이다. 역사적으로 우리 사회는 양자의 자연스런 접맥이나 수용이 순조롭게 진행되지 못했다. 여기에는 36년간의 일제 식민지 시대가 엄청난 걸림돌로 작용했음은 자명한 일이다.

　그 후 한 세기가 지난 오늘날까지도 물질문명과 기계화로 대변되는 서구적인 가치관으로 인하여, 우리의 전통정신과 문화는 차츰 희미해지고 국민들의 도덕관마저 흔들리고 있는 실정이다. 즉 기존의 전통적인 가치체계가 무너지고, 중심 역할을 해야 할 종교와 도덕이 제 역할을 해내지 못하고 있는 것이다. 이에 따라 자연스럽게 인간성 회복에 대한 요구와 주장이 갈수록 높아가고 있다. 사람이란 태생적으로 기존의 생활이나 관념에 대한 애착이 있기 마련이다. 그래서 새로운 생활 조건이나 정신적, 육체적 순응이 어렵게 되면 더욱 기존의 것에 집착하게 된다. 이럴 때에는 외래문화에 대한 반성과 자기비판이 그 뒤를 따르게 된다.

　오늘날 우리가 전통문화로 여기는 것들은 대체로 19세기 말 일본이나 서구의 문화가 들어오기 전의 문화를 말한다. 새로운 종교나 사상, 문물이 도입될 때는 기존 문화와의 상충이 불가피하다. 또한 그에 따른 저항이나 거부 반응도 일어나기 마련이다. 불교가 신라에 들어올 때, 이차돈의 순교를 겪고 나서야 수용되었다. 중국의 유교 역시 우리가 수용하기까지는 허다한 시련 끝에 한국적 유학으로 거듭날 수 있었다. 그리하여 유교는 종교라기보다는 생활 윤리로서 도덕적이고 규범적인 성격을 띠게 된 것이다. 도교나 무교의 경우는 역사적으로 뚜렷한 족적이 드러나지는 않지만, 중국적인 색채를 벗어나 우리 식의 고유한 문화 형태로 자리잡은 것으로 평가되고 있기는 하다.

　문제는 이러한 전통문화의 가치관이 현대사회를 지탱해 주지 못한다는 데 있다. 전통문화를 이어가는 전통 사상은 고정불변의 것이 아니다. 오히려 시대나 환경에 따라 새로운 모습으로 변화하는 민족의 생활양식이나 가치관을 창출하는 기반으로 작용해야 한다. 그러나 여전히 영향력이 큰 전통적인 유교적 사고는 오히려 현대사회에서 수직적이고 집단적인 가치의식을 강조하는 병폐로 인식되는 것이 현실이다. 여기에 우리 사회에서는 인간 존중과 자비를 내세우는 불교적 세계관도 제 역할을 인정받지 못한다. 더구나 도교나 무교 문화는 미신으로 치부되어 혐오시하는 세상이다.

그렇다면 근세 이후에 서구에서 들어온 기독교 사상은 어떠한가. 이 땅에 기독교가 전파된 지도 어언 200여 년이 지났다. 과연 기독교는 우리 사회의 핵심적인 구심점으로서 전통문화와 가치관에 긍정적인 작용과 역할을 하고 있는가. 이에 대한 확실한 대답이나 어떠한 전망도 우리는 또한 갖고 있지 못한 형편이다.

우리의 전통문화란 오랜 시일에 걸쳐서 복잡한 외래요소로 형성된 것이다. 어느 문화를 막론하고 문화란 늘 살아 숨 쉬어야 한다. 여기서 문화가 살아 있다는 것은 우리가 항상 외래문화와의 접촉, 선택, 수용을 하면서 살아가고 있다는 사실을 말한다. 외래문화를 취사, 선택, 수용하는 주체는 말할 것도 없이 우리 민족이다. 민족이 단일체로 또는 통일체로 남아 있는 이상, 민족문화는 말살하려 해도 없어지는 것이 아니다. 하지만 불행하게도 우리는 현재 남북 분단의 아픔 속에서 갈수록 심화되는 남과 북의 문화적 이질화를 겪고 있는 중이다.

현대사회에서 전통문화는 더 이상 우리 삶의 가치관을 제공해 주지 못하고 있다. 어쩌면 한류 문화 창출의 콘텐츠로서의 역할에만 만족하고 있는 게 아닌지 진지하게 고민해야 할 때이다. 그렇다고 기독교적 세계관이 그 대안이 되는 것도 아니다. 전통문화와 기독교 문화의 조화와 융합을 포함, 현대사회의 지침이 될 수 있는 21세기형 새로운 전통문화의 창출이 절실하다. 그나마 현대의 우리보다 전통문화에 대한 관심이 덜했던 조상들도 외래문화를 취사선택해서 우리의 '전통'으로 확립하여 새로운 전통을 창조하고 보존해 왔다는 사실에 한 가닥의 희망을 가져 본다.

전통이 우리 안에 살아 있는 한, 우리의 행동이나 삶이 전통의 테두리에서 완전히 벗어날 수는 없다. 지금이라도 우리 모두가 머리를 맞대고 통일 한국의 미래를 지탱해 줄 수 있는 가치관과 세계관을 확립해야 한다. 그 길만이 당장 직면하고 있는 우리 사회의 각종 폐단과 문제점들을 해결할 수 있는 지름길이다. 이는 일부의 개인이나 단체, 정당이 주도해서 성사될 일이 아니다. 국민들 전체가 하나가 되어 오랜 기간 동안 추진해야 비로소 가능한 일이다. 당연하게도 교육계와 학계의 인사들이 이 운동의 맨 앞에 서야 할 것이다.

끝으로 이 글을 쓰면서 정년을 코앞에 둔 나 자신부터 깊이 반성하는 계기가 되었음을 부기해 둔다.

한 사람씩 권하는 책이 만인을 깨우친다

이지나 현 서경대학교 교수, 경영학 박사

나의 유학 생활

    나는 대학원 석·박사과정을 중국에서 이수했다. 학부에서 중국학을 공부할 때부터 중국에서 공부하기로 계획했었다. 지방대학이지만 4년 동안 전액 장학금으로 공부하고 기숙사 생활을 하면서 유학 온 중국 학생에게 많은 도움을 받았다. 2학년 땐 학부 시간표를 알맞게 조절하여 오후엔 종로에 있는 중국어 학원에서 몇 달 공부를 하여 중국어 실력을 쌓았다.

    역시 학교 공부와 병행하니 중국어 실력이 일취월장 좋아졌다. 간단한 일상생활 중국어를 마스터하고 HSK 7급을 획득하였다. 3학년 여름방학 땐 자매학교인 광시민족 자치구 난닝민족대학에서 교환학생으로 어학연수를 하고, 겨울엔 추위를 무릅쓰고 하얼빈에서도 교환학생으로 어학연수를 하였다. 그 결과 이제 생활 중국어뿐만 아니라 학문을 할 수 있을 정도 유창해졌다. 지금 생각해보면 어렵게 고생하면서 공부했지만 그 결과는 만족하였다. 4학 땐 6개월 빨리 조기 졸업을 하고 중국의 대학원을 입학하기 위하여 북경에서 어학연수를 하며 푸단대학교 대학원 입학을 위한 공부를 시작하였다. 북경대학원에서 교육학을 공부하는 선배 교수님의 부인이 있어서 공부하는데 많은 도움이 되었다.

드디어 상해 푸단대학교 경영경제학 전공에 석사과정으로 합격하게 되었다. 합격 통지서를 받고 얼마나 기뻤는지 모른다. 대학 기숙사에 들어가지 않고 자취방 전세를 얻어 생활하였다. 대학 기숙사나 전세나 비용이 같이 들기 때문에 전세를 택하였다. 푸단대학에서도 같은 대학원에 한국인 선배가 있어 한결 공부하기 좋았다. 그 선배는 중국문학을 전공하여 먼저 졸업하고 한국으로 돌아갔다. 난 푸단대학원에서 석사 3년, 박사 3년, 6년을 공부한 셈이다. 6년 동안 공부는 쉽지 않았다. 혼자의 외로움은 이루 말할 수도 없었고 만만치 않았다. 어머니는 저녁마다 막내 딸 나에게 전화를 주시곤 하였다. 외로움을 달래주는 전화로 좋았으나 너무 잦으니 그것도 귀찮기도 하고 감시도 당하는 듯하였다. 그러나 어쨌든 내가 생활하는 동안 의사소통이 되고 많은 도움이 되었다.

학비는 대학 때 받은 장학금을 세이브 했던 것과 한국의 관정 이종환 옹이 설립한 관정재단에서 받는 돈으로 생활하였다.

관정 장학금은 졸업할 때까지 해당 국가의 생활비와 학비 일체를 주는 나에게 너무나 감사한 장학금이다.

관정 이종환 옹이 설립한 장학재단은 관정이종환교육재단이다.

이 재단은 2000년 6월 현금 10억 원으로 출발한 관정이종환재단의 현재 규모는 1조 원대로 아시아 최대 규모 장학재단이다. 이 회장 재산 97%가 들어갔다. 19년간 장학금을 받은 사람이 1만 명에 달한다. 2014년 600억 원을 기부해 서울대 관정도서관을 헌정하면서 서울대 사상 최대 기부액을 기록하기도 했다.

그는 자서전에서 식자우환(識字憂患)이 아니라 재부우환(財富憂患)에 시달렸다는 이야기를 썼다.

"돈 많으면 아무 걱정 없겠다고들 하지요. 그렇지 않아요. 평생 온갖 시련을 이겨내고 재산을 일군 사람일수록 하늘의 부름을 기다리는 나이가 되면 재산 처리 문제가 가장 큰 난제이거든요. 돈을 어떻게 써야 하는지 고민과 갈등에서 헤어날 수가 없지요.

상속하면 간단하다고 말할지 모르지만 다음 대에 망하는 경우를 흔히 봐 왔고 법대로 정직하게 상속하면 절반을 세금으로 내야 하니 경영권까지 위협받기도 해요."

어느 신문 기자와의 인터뷰의 내용과 관정장학재단에 대해서 소개하면 다음과 같다.

2018년 관정이종환교육재단 국내 장학생 수여식에서 회장님은 "돈을 어떻게 쓸 것인지를 두고 몇 년 동안 불면의 밤을 보냈다"고 했다.

"돈을 움켜쥐고 있자니 걱정만 커졌어요. 자다가도 벌떡 일어나 앉는 일도 많았고요. 그러다가 2000년 6월 장학재단을 통한 사회 환원을 결정했어요. 기부를 결정하고 나니 얼마나 마음이 편안해졌는지 몰라요. 앞에서도 말했지만 사업하면서 억울한 일을 좀 많이 겪었지요. 장학재단을 세우고 다져가면서 상처가 아물어갔어요.

돈이라는 게 한번 단념하기로 마음먹으면 아주 편해요. 하나도 아깝지 않아요. 마음속 마지막 끈마저 놓아버리니 그렇게 가벼워질 수가 없었어요. 요즘에도 나는 내 손에 쥔 모든 것을 철저하게 비우고 있는지 스스로 물어봐요. 건강 비결은 마음 비우고 좋은 일을 위해 모든 것을 바친 게 건강비결인 것 같네요."

그는 자신의 기부 실천이 갑자기 튀어나온 게 아니라 어릴 적 경험에서 우러나온 것이예요.

"조부(祖父)로부터 '이 세상에 태어나 작은 발자국이라도 남기려면 재산이 아니라 사람을 남겨야 한다.'는 말을 귀에 못이 박이도록 듣고 자랐거든요. '황금 한 광주리를 자손에게 물려주기보다 한 권의 책을 더 읽히도록 하라'는 것이 중시조로부터의 오랜 가르침이기도 했구요.

또 '돈을 모아 자손에게 남겨준다 해도 자손이 다 지킨다고 볼 수 없고, 책을 모아 남겨준다 해도 자손이 다 읽는다고 볼 수 없다. 남모르게 음덕을 베푸는 것이 자손을 위한 좋은 계획'이란 명심보감 글귀도 늘 가슴에 있었어요.

고향인 의령에서 초등학교 교사를 한 적이 있는데 돈이 없어 공부 못 하는 우수한 아이들을 많이 도와주었지요. 나중에는 제조업을 하다 보니 선진국으로 가려면 인재 양성이 시급하다는 생각을 갖게 되었지요.

가장 어려웠던 것이 기술 개발이었는데 역시 사람이 열쇠였어요. 우수 인력을 키워 좋은 제품을 만들어 수출하는 길만이 국부(國富)를 만드는 것이고 기업인이 국가를 위해 봉사할 수 있는 길이라는 생각이 결국 과학인재 육성으로 이어진 거죠."

그는 돈이 아니라 사람을 남겨야 한다. 강조하였다.

관정이종환재단으로 받은 장학금으로 박사과정까지 마치고 고국으로 돌아와 이제는 ㅇㅇ대학교에서 교수로 재직 중이다.

나의 유학생활은 어려움도 많았지만 행복했다.

책을 더 가까이 도서관을 더 가까이

꿈을 꾸는 젊은이가 되자

남궁옥분이 부른 '꿈을 먹는 젊은이'라는 노래의 가사가 생각난다.
'타오르는 꿈을 안고 사는 젊은이여/ 우리 모두 같이 흥겨웁게 노래해요
푸른 나래 펴고 꿈을 먹는 젊은이여/ 성난 파도처럼 이 자리를 즐겨요
행복은 언제나 마음속에 있는 것/ 괴로움은 모두 저 강물에 버려요
사랑과 욕망도 모두 마셔버리고/ 내일을 위해서 젊음을 불태워요'

전 전북대 서거석 총장은 이 젊은이들에게 "꿈을 잃지 말고 끊임없이 도전"하라고 하였다. 서 전 총장은 우석대에서 젊은이들의 꿈과 도전에 대해 특강을 통해 '7전 8기의 도전 정신'을 강조하곤 하였다. 그는 "축구의 신으로 불리는 메시와 컴퓨터 황제 빌 게이츠 등 세계 최고가 된 사람들의 공통점을 보면 간절히 꿈꾸고 쉼 없이 도전하는 '꿈과 도전'의 DNA를 갖고 있다는 점"이라며 "청년 실업 등 요즘 젊은이들의 취업환경이 어렵지만 자신만의 꿈을 잃지 말고 끊임없이 도전하라"고 강조하였다.

그는 8년 동안 전북대 총장을 역임하면서 대학의 변화와 혁신 작업을 소개한 뒤 "우석대학 학생이라는 자긍심을 갖고 세계 최고가 되기 위해 큰 꿈

을 꾸며, 철저한 계획을 세우고, 대학 프로그램을 활용해 칠전팔기의 정신으로 더 나은 내일을 위해 도전하라"고 주장하였다.

이날 특강에는 우석대 학생 등 300여명이 참석해 큰 관심을 보였다고 전북도민일보는 보도하였다.

오그 만디노(Og Mandino)[1)]는 『인생철학서』에서 "세상에는 세 종류의 사람이 있다. 첫 번째 사람은 자신의 경험에서 배우는 사람으로 그들은 똑똑하다. 두 번째 사람은 다른 사람의 경험에서 배우는 사람으로 그들은 현명하다. 세 번째 사람은 자신뿐만 아니라 다른 사람의 경험, 그 어디에서도 배우지 않은 사람으로 그들은 어리석다."라고 하였다.

'모든 사람이 당신의 선생님이다'라는 말이 있다. 이 말처럼 만일 각 분야에서 성공을 거둔 유명한 사람들을 자신의 귀감으로 삼는다면 우리는 더 많은 깨달음을 얻게 될 것이다.

성공한 사람들 대부분 역사 속의 위인이나 각 분야에서 큰 공헌을 한 사람, 심지어 소설이나 신화에 나오는 인물들에게서 영감을 얻는다. 사람의 마음을 고무시키는 이런 행동 모델은 성공의 원동력이자 희망의 원천이다.

카네기는 세계 제일의 부자가 되었다. 그가 어떻게 돈을 벌 수 있었는지 아는가? 그는 록펠러, 모건 등 금융계의 뛰어난 사람들을 모방하였다. 그는 행동 모델들의 일 거수 일 투족을 주시하면서 그들의 신념을 연구하고 그들의 행동을 모방하였고, 그 결과 최고의 재력가가 되었다.

물론 성공 방법은 복제할 수 있는 것이 아니다. 사람이 다르고 환경과 기회가 다르기 때문이다. 그러나 대부분의 성공한 사람들에게는 행동 모델을 정하고 그들의 경험에서 많은 것을 배웠다는 공통점이 있다.

'젊은이여! 꿈과 열정을 가지고 끊임없이 노력하라'의 목적은 많은 젊은이들이 이 책을 통해 행동 모델을 정하는 것이다. 많은 사람들이 성공한 사람들의 경험과 깨달음을 통해 시야를 넓혀 올바른 인생관과 가치관을 정립하였으면 좋겠다. 이 책을 통해 영혼의 자극을 받고 지혜를 쌓아 인생을 한 단계 승화시킬 수 있기를 희망한다. 그들이 성공할 수 있었다면 당신도 할 수 있다!

이 책은 세계 각국의 성공한 경영자들을 다각도로 조명하고 그들의 성공법을 통해 독자의 시야와 이해력을 넓혀줄 것이다. 이 책의 주인공들은 모두 원대한 비전과 진취적인 정신으로 좌절과 실패에 맞섰다. 그들은 사회에 많은 기여를 하였다. 또한 창의성을 중시하고 겸손한 마음가짐으로 자신의 분야에서 일인자가 될 수 있었다. 독자는 이러한 경험을 통해 많이 깨닫고 또한 성장하는 데 도움을 얻을 것이다.

'나폴레온 힐[2]'의 일화 중에서 나오는 이야기이다. 어느 날 힐이 장갑을 파는 가게 계산대에서 이 가게의 젊은 직원과 얘기를 나누고 있었다. 일한 지 4년이 된 직원은 사장이 그의 서비스 정신을 몰라주기 때문에 다른 일자리를 알아보고 있다고 말했다. 그들이 얘기하는 도중 한 손님이 가게로 들어왔다. 그 손님은 모자를 좀 보고 싶다고 말했다. 그런데 직원은 손님의 말에 아랑곳하지 않고 계속 힐과 얘기를 나누었다. 손님이 불쾌한 표정을 드러냈지만 직원은 여전히 모른 체했다.

직원은 말을 다 마치자 그제야 손님에게 말을 걸었다. "여기는 모자 코너가 아닙니다." 손님이 물었다. "그럼 모자 코너는 어디에 있나요?" 직원이 대답했다. "저쪽에 있는 사람한테 물어보세요. 그 사람이 잘 알려줄 겁니다." 이 모든 광경을 지켜본 힐은 생각했다. '4년 동안 이 직원에겐 좋은 기회가 많았지만 알아차리지 못했다. 그는 자신이 안내해준 모든 손님과 좋은 관계를 맺을 수 있었다.

그리고 손님들은 그를 이 가게에서 제일 가치 있는 사람으로 만들어 주었을지도 모른다. 이 손님들이 그의 단골이 되어 그의 얼굴을 보고 이 가게에서 물건을 사갈 것이기 때문이다. 그러나 그는 이런 좋은 기회를 지나쳐버렸다. 손님들이 묻는 말을 무시하거나 쌀쌀맞게 대한다면 이런 좋은 기회는 사라져갈 것이다. 길 가는 사람 열 명에게 지금 자신의 분야에서 성공하지 못하는 이유를 물어보라. 열 명 중 최소한 한 명은 아직 좋은 기회가 오지 않았다고 말할 것이다. 당신이 그의 일 거수 일 투족을 관찰해보라. 장담하건대, 당신은 그가 매 시각 다가오는 좋은 기회를 자신도 모르게 지나치고 있다는 사실을 발견할 수 있을 것이다. 진정한 기회는 중요하지 않아 보이는 일상의 평범함 속에 숨어 있다는 사실을 기억해야 한다.

우리 모두 꿈을 꾸는 젊은이가 되자.

인생역전 한 권의 책으로

희망을 노래하자

도토리는 단단한 껍질 속에서 참고 기다린 후 고운 가루가 되어 묵이 되었을 때 고소한 맛을 내게 된다. 우리 사회에서는 도토리가 묵이 되듯 고난을 슬기롭게 이겨낸 사람들의 이야기가 많다.

옥수수 박사 김순권 교수, 발레리나 강수진, 피겨스케이터 김연아 등은 우리들에게 '희망 있는 삶'에 대한 가르침을 주기에 충분하다. 희망이 없다고 단정 짓지 말고 작은 희망의 씨앗을 찾아서 노력하여 성공한 사람들의 삶의 가치에 대하여 알아야 한다.

자랑스러운 대한민국에 태어나 피겨 스케이트 불모지였고, 지원도 제대로 받지 못한 상황에서 오직 노력으로 세계의 정상에 오른 김연아를 생각해 본다.

또한 비인기 종목이기에 관심을 끌지 못했지만, 최선의 노력으로 메달을 조국에 안긴 선수들과 설사 메달을 못 안겼다 할지라도 눈물과 땀으로 준비했던 수많은 선수들을 생각해 본다. 공정하지 못한 편파 판정으로 말미암아 눈물을 삼키고, 억울해 하며 다음을 기약하는 선수들도 생각해 본다.

우리는 잘 못되고 꼬인 현실을 한탄하지 말고, 다음 기회를 준비하는 희망의 노래를 부를 수 있어야 할 것이다.
 이제 김연아 선수는 어떤 길을 선택할까? 이제 스케이트를 벗었으니, 이전에 너무나 힘든 역경의 길이 생각날 것이다. 사실 김연아 선수에게 가장 의미 있는 순간순간은 스케이트를 신었을 때가 아닌가 생각해 본다. 역경을 딛고 희망의 노래를 부를 수 있었으니까.
 사람의 생활이 다양하듯이 삶의 길에도 여러 가지 방법이 있다. 오늘날 인간의 삶은 산업화와 정보화, 경제 발전으로 인하여 희망과 평안을 누리기도 하지만, 동시에 인간성의 상실과 권력의 남용, 오용 등의 문제를 낳고 있다.

 오늘날은 "희망보다는 절망이 엄습하는 시대'라고 하는 사람도 있지만, 그러나 우리는 희망을 노래하지 않으면 안 된다. '희망'이라는 단어를 들었을 때 어떤 단어가 연상되는가? 라는 질문에 가장 많이 나온 대답은 '행복, 꿈, 미래'였고, 그 다음은 건강, 기쁨, 돈 등' 이었다. 연령대별로 비교해보면, 10~30대는 꿈을 가장 많이 연상하여 미래지향적인 모습을 보였고, 40대 이상은 행복이라고 답한 경우가 많았다고 한다.
 자기의 삶이 얼마나 희망적이라고 생각하는지 묻는 말에서는 어떤 답이 나왔을까? 답변을 10점 만점으로 환산해보니 6.3점이 나왔다. 100점 만점에 63점 정도인 것이다. 희망 인식이 가장 낮게 나타난 집단은 30~40대, 수도권, 학생, 블루칼라 등의 계층이었다고 한다.
 사회에 대한 희망 인식은 10점 만점에 4.4점이라는 낙제점에 가까운 점수가 나와, 우리 사회를 어둡게 인식하고 있음을 알 수 있었다. 또한 경제·사회·정치 등의 영역 역시 앞으로 악화할 것으로 전망했다.
 주목할 점은, 희망적인 삶을 만드는 데 중요한 요소로 부모(가족)의 경제력과 인맥, 개인의 노력 이 세 가지가 가장 많이 제시 되었다는 것이다. 10~40대는 부모(가족)의 경제력과 인맥을 가장 중요하게 생각하고, 50~60대는 개인의 노력을 가장 중요하게 생각하고 있었다.

사실 "수치 그 자체보다, 거기에 숨겨진 사람들의 삶과 희망에 대한 생각"에 주목해야 할 것이다. 먼저 희망 인식이 가장 낮은 30~40대가 희망을 충전할 수 있도록 대안을 마련해야 하고, 청소년들이 사회에 참여할 기회와 공간을 만들어야 할 것이다.

한 연구에 의하면 삶의 만족도가 미래 희망을 결정하는 중요 요소라고 했고, 미래는 생산되는 것으로, 희망이나 꿈은 미래를 생산하는 능력이며, '자본'처럼 존재하고 불균등하게 생산된다는 것이다.

동국대 김무곤 교수는 『NQ로 살아라』책에서 '연줄'과 '빽'으로 만연한 성공 시대를 질타하고, 새 시대에 걸 맞는 성공 철학을 주장하였다. 이 책에서는 "나보다는 다른 사람이 중요하며, 또 이렇게 해야만 진정한 성공을 얻을 수 있다."고 말한다. NQ (Network Quotient)는 공존 지수이다. NQ는 새로운 네트워크 사회에서 우리 모두가 잘살기 위해 갖추어야 할 공존의 능력을 일컫는 말이다.

곧 NQ는 더불어 살아갈 수 있는 잣대이다. 또 자신이 아닌 다른 사람들과의 소통을 위한 도구이기도 하다. 먼저 자기 것을 내어주고, 나누고 베푸는 것이 이 책에서 주장하는 성공 모델이다.

우리는 미래의 행복을 위하여, 나누고 베풀고 오늘의 고난과 역경을 넘어 희망을 노래하는 사회를 만들어 가야 할 것이다.

 용어

1) 오그 만디노(Og Mandino, ? -1996)) : 세계에서 가장 많은 저서를 출판한 미국의 인생철학서 작가. 뛰어난 성인만화 집필가.
2) 나폴리언 힐(Napoleon Hill, 1883-1970) : 세계적인 성공학 연구자. 미국의 실화 작가.

책 읽는 작은 여유 마음속의 큰 행복

박이부정(博而不精)

많은 것을 알고 있으나 정밀하지 못하다는 뜻으로
독서에 있어서 정독이 중요하다는 뜻으로 쓰인다

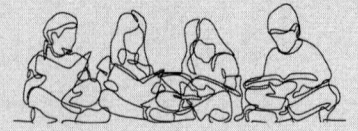

이지연 현 중원대학교 교수, 공학 박사

유머 있는 생활을 하자

유머(humor)란 남을 웃기는 말이나 행동을 말한다. '우스개', '익살', '해학'으로 순화되었다. 우리는 흔히 남을 잘 웃기는 말이나 행동을 하는 사람에게 '유머가 있다. 유머가 풍부하다. 유머 감각이 뛰어 나다.'라는 말을 한다.

TV에서도 웃고 즐기는 '웃으면 복이 와요', '웃찾사', '유머 일번지', '개콘' 등의 프로그램이 한때 인기가 있었다. 세상이 바쁘게 돌아가고 각박할수록 웃음을 잃지 말아야 한다. 유머는 갈등과 긴장을 해소해 줌으로써 인간관계를 원활하게 해주는 유용한 수단이다. 유머는 의사소통을 부드럽고 원활하게 해 주는 자산이다. 그러므로 유머는 조직 구성원들에게는 고객과의 의사소통에 필요한 중요한 요소이다. 4자 성어 중에 '일소일소 일노일로(一笑一少 一怒一老)'란 말이 있다. 한번 웃으면 한번 젊어지고 한번 성내면 한번 늙어진다는 의미이다.

1%의 유머감각이 조직을 살린다. 유머는 위기의 순간에 더욱 빛을 발한다. 유머 감각은 한 사람의 큰 자산이 될 수 있다. 유머 감각을 가지면 다른 사람과 쉽게 대화하고, 자신의 건강 상태를 향상시키고, 어려운 상황도 벗어

날 수 있게 해 주기도 한다. 사람들이 자주 잊는 것은 유머 감각을 갖기 위해서 꼭 웃겨야 할 필요는 없다는 것이다. 밝은 부분을 보는 면이 필요하다는 것만 알고 있으면 된다.

유머가 주는 이득에 대해 인식하자. 유머 감각이 있으면 긍정적인 상황과 부정적인 상황에서 재미있는 부분을 찾을 수 있다. 유머 감각이 있으면 스트레스와 불안감을 낮추어 주며 해결 능력과 자존감도 높여 준다. 유머 감각에는 신체적, 인식적, 감정적, 사회적인 효과가 있다. 통증 및 스트레스 감소, 감정 및 창의력 증가, 사교성 증가, 다른 사람과의 관계 개선 등이 포함된다.

웃는 법을 배우자. 웃음은 유머 감각의 핵심이다. 매일 조금씩이라도 더 웃기 위해 노력하자. 자신에 대해서라도 웃어 보자. 작은 것들을 즐기고, 하루하루 모든 상황에서 유머를 찾아보자. 불행한 상황에서도 유머를 찾아보자.

최대한 많이 미소 짓자. 다른 사람들을 웃게 해 주자. 웃는 것을 우선순위로 삼자. 자신과 남들을 위해서. 자신을 즐겁게 하고 웃긴 것들을 즐기자. 그래야 유머 감각을 발전시켜 나갈 수 있다. 꾸준히 하자. 유머는 인생에서 중요한 부분이다. 적절한 시간에 웃기기 위해 노력하자. 사람들을 웃기려면 타이밍이 중요하다.

모든 상황에 유머가 필요한 것이 아니다. 유머 감각이 있으면 친구가 많이 생길 것이다. 재미있는 사람 주변에는 많은 사람들이 모인다. 슬프거나 우울한 상황에서는 자신을 즐겁게 해 주었던 것을 생각해 보면 슬픔과 우울함을 벗어 날 것이다

링컨 미국 대통령의 유머 감각은 세월이 흘러도 많은 사람들에게 웃음꽃을 피우게 하고, 영국의 윈스턴 처칠 수상 또한 유머를 통하여 위기를 극복한 경우가 많았다고 한다.

유머는 잘 활용하면 생활의 활력소와 윤활유 역할을 한다. 우리 사회에 웃음이 넘치면 밝고 맑으며 여유로운 사회가 될 것이다.

우리말에 '웃음이 넘친다.'라는 말이 있다. 곧 웃음이 넘치는 생활은 행복하게 산다는 것을 의미한다. 이에서 알 수 있듯이 웃음과 행복은 불가분의 관계에 있는 것이다. 그렇지만 '웃음의 이유'에는 다양하다.

칸트는 "기대가 무로 돌아갈 때도 웃음이 나온다."라고 주장하였다. 그러므로 행복은 웃음과는 무관하다고 할 수 있다. 그렇지만 웃음은 곧 행복을 의미한다는 믿음을 부정할 수는 없는 것이어서 아직은 연구 결과에 의존할 수밖에 없으며 더 많은 연구가 필요할 것이다.

일반적으로 사람들은 사람이 기뻐서 웃는 것으로 생각하나, 몇몇 철학자들은 "사람은 웃음으로써 기쁘다."라고 주장하기도 한다. 이와 비슷한 주장으로 "사람은 슬퍼서 우는 것이 아니라 우는 것으로 인해 슬프다."라는 주장도 있다.

옛날부터 행복한 가정은 아기 울음소리가 나고, 책 읽는 소리가 나며, 웃음소리가 나는 가정이라 했다. 웃음은 행복을 가지고 온다.

요즈음은 구성원들에게 유머교육을 시키는 조직이 늘어나고 있다고 한다.

항상 즐겁고 명랑하게 생활하고 웃음을 잃지 않으면 행복한 삶을 영위할 수 있을 것이다. 유머 있는 생활을 하자.

자기개발에 힘쓰자

'자기개발'과 '자기계발'이란 용어가 있다. 모두 쓸 수 있는 말이다. 다만 '개발'과 '계발'의 뜻을 고려하면, '자기개발'은 '자기에 대한 새로운 그 무엇을 만들어 내는 것, 또는 자신의 지식이나 재능 따위를 발달하게 하는 것이며, '자기계발'은 '잠재되어 있는 자신의 슬기나 재능, 사상 따위를 일깨워준다.'의 뜻으로 나타낸다.

한 조사에 의하면 직장인의 자기개발이 필요하다고 생각하는가에 대다수 직장인이 '그렇다(98.5%)'고 답했다고 한다.

직업포털 커리어 조사(직장인 720명 대상)에 의하면 자기개발을 하는 이유로 가장 많은 응답자의 30%가 나만 정체되어 있다는 불안감 해소를 위해서였다. 자기만족을 위해 18%, 은퇴 및 경력 단절 이후의 삶을 위해 17%, 이직·전직을 위해 15%, 수입을 늘리기 위해 8%, 승진을 위해 7%, 인적 네트워크를 넓히기 위해 5%의 순으로 나타났다고 했다.

우리에게 도움이 되며 희망을 주는 글인 자기개발에 관한 명언을 소개해 본다.

- 위기는 곧 위험과 기회의 의미이다. 위기 속에서는 위험을 경계하되 기회가 있음을 명심하라(존 케네디).
- 아첨꾼은 나보다 열등하거나 그런 척 하는 친구이다(아리스토텔레스).
- 많은 긍정적 사고를 가진 기업이 부정적 사고를 가진 기업을 인수해 부자가 된다(로버트 앨런).
- 희망은 어떤 상황에서도 필요하다(사무엘 존슨).
- 여러분이 할 수 있는 가장 큰 모험은 바로 여러분이 꿈꾸어 오던 삶을 사는 것이다(오프라 윈프리).

자기계발을 하는 좋은 방법은 자신이 흥미를 가지고 있거나, 특기나 장점을 살릴 수 있는 자격증을 준비하면 차후에 도움이 될 수 있을 것이다.

멋있는 사람은 "할 수 있다."라는 긍정적인 사람, "제가 하겠다."라는 능동적인 사람, "무엇이든지 도와드리겠다."라는 적극적인 사람, "기꺼이 해드리겠다."라는 헌신적인 사람, "잘못된 것은 즉시 고치겠다."라는 겸허한 사람, "참 좋은 말씀이다."라는 수용적인 사람, "이렇게 하면 어떨까."라는 협조적인 사람, "대단히 고맙다."라는 감사할 줄 아는 사람, "도울 일 없나요?"라고 물을 수 있는 여유 있는 사람, "이 순간 할 일이 무엇일까?"라고 일을 찾아 할 줄 아는 사람이며, 자기계발을 위하여 반드시 필요한 자세라 할 수 있다.

자기개발은 현실에 안주하고 타협하는 것이 아니라 새로운 것을 찾고, 배우는 것이다. 자기개발의 기본은 자기를 제대로 알고, 자기가 어떤 사람인지, 무엇을 원하는지, 어떻게 살았는지를 아는 것이다. 자기를 돌아보는 것도 본인이 하려는 마음이 있을 때, 가능한 것이다.

사람은 누구나 뛰어난 잠재력과 능력을 가지고 태어나지만, 살아가면서 자기가 마음먹은 대로 그 능력의 십분의 일도 발휘하지 못한다고 한다.

아주 작은 깨달음 하나가 삶을 행복의 빛깔로 물들일 수 있다. 행복은 발견이며 깨달음인 것이다. 인간의 힘으로는 어쩔 수 없는 한계 상황에도 콜럼버스는 태연하게 책을 읽으면서 절망하는 선원들을 향해 그는 이렇게 말했다.

"나는 나침반이나 선박의 성능을 믿고 항해를 시작한 것이 아니다. 나를 움직이는 동력은 꿈과 소망이다."

꿈은 품고 최선을 다하는 사람에게 온갖 난관에도 불구하고 현실이 되어 준다. 중요한 것은 그 꿈을 이루어질 때까지 줄기차게 품는 것이다.

자기계발은 현실에 안주하고 타협하는 것이 아니다. 새로운 것을 찾고, 배우는 것이다.

우리에게는 자기계발과 개발이 필요하다.

책 읽는 기쁨, 책 속에서 지혜를

나는 여성과학자다

　나는 여성이다, 과학자다. 교수이다. 그래서 여성과학자로 부른다. 대학과 대학원에서 정보통신과 전자공학을 전공하였다. 여성이 공대에 다니는 경우는 남녀공학 대학에서는 드문 편이다. 학부에서 몇 명 안 되었고, 대학원에서는 내가 제일 처음 들어갔다. 나 이후엔 몇 명 있다. 그래도 아직까지 여자 학생은 드물다. 그래서 어쩌면 희소가치가 있는 줄 모른다. 때론 외롭기도 하지만 여성과학자 회의에 가면 뿌듯하다.
　보통 여성과학자들은 공대보다 의학과 간호학에 많다. 연구도 활발하다. 이름 있는 학자도 많다. 학회에 가보면 여성들의 활약이 두드러진다.
　남성보다 섬세해서 그런가? 보통 음악이나 미술, 문학, 정보기술 등의 분야에 많다.
　어쨌든 내가 여성과학자란 것에 만족하고 있다. 대외적으로 희소가치도 있지만 나의 소질과 교수로서의 자긍심이 있다.
　외국에서 개최되는 학회에 참석해 보면 여성과학자가 이외로 많았다. 발표도 많이 하고 저명한 분들도 많았다. 부럽기도 하였다.

우리나라의 여성과학자 단체총연합회에 대해서 정희선 10대 회장의 인사말을 통하여 소개해 보면 다음과 같다.

2003년 4개 단체의 연합으로 창립한 한국여성과학기술단체총연합회(여성과총)는 지난 17년간 생명과학, 환경, 에너지, 건설, 정보기술 및 의학 등 과학기술 분야를 총망라하는 69개 단체(총 회원 76,000여명)로 명실공히 우리나라 과학기술계의 대표적인 연합회로 성장하는 저력을 보여 주고 있다.

이러한 여성과총의 빠른 성장은 회원단체들의 적극적인 참여와 구성원들의 열정, 정성, 헌신 그리고 각계에서 보내주신 각별한 격려와 지원의 결정이라고 생각한다.

더불어 9대에 걸쳐 여성과총이 현재의 위치를 확보할 수 있도록 각고의 노력을 해 주신 전임회장님들께 깊이 감사한다.

10대에서는 여성과총의 설립목적인 여성과학기술인의 자질 함양과 고용평등을 통해 국가 과학기술역량을 높이는데 기여하며, 단체융합, 과학소통, 교육양성, 과학기술젠더혁신, 사회공헌 사업 등을 충실히 수행하겠다. 또 차세대 리더십을 정립하는 방안을 단체장들과 추진하여 미래 인재를 육성하고, 여성단체 임원들이 정부위원회 등에 참여할 수 있도록 노력하겠다.

이와 더불어 사회적 책임을 통한 미래 동력의 발판을 마련하는 방안으로 사회연계(public engagement)를 핵심 가치를 사업에 접목하도록 하겠다. 회원단체들이 과학기술 분야에서 대중과 함께 문제를 해결하는 양방향시도를 통해 미래의 발전 동력을 이끌어 낼 수 있도록 적극 지원하겠다.

더불어 지속가능발전목표(sustainable development Goals)와 여성과총의 사업이 연계되는 부분을 찾아 세계와 함께 하는 여성과총이 되어 사회적 책임을 다하는 모습을 보여드리겠다.

미래를 향해 도약하는 여성과총. 국민과 소통하는 여성과총, 사회적 역할을 주도적으로 추진하는 여성과총이 되어 우리나라의 밝은 미래를 만들어

나가는데 힘을 보태겠다고 했다.

세계적으로 정상에 선 여성과학자들이 많다. 노벨상 역사 113년 동안 16명의 여성 과학자가 있었다고 한다. 난 여성과학자이다.

여성과총 충북지부장으로 활동하면서 과총연합회 임원으로도 활동하고 있다.

여성과학자로서 한국연구재단 연구사업에도 참여하여 중장단기간의 연구를 수행 중에 있다. 나는 여성과학자로서 교수로서 만족하게 활동하고 있다.

나는 여성이다. 여성과학자로서 교수이다. 여성과총 발전을 위하여 노력할 것이다.

책든 손 귀하고 읽는 눈 빛난다

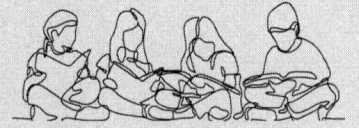

장인호 　현 대진대학교 교수, 문학 박사

후배들에게 고(誥) 합니다

　오등은 자에 아 조선의 독립국임과 조선인의 자주민임을 선언하노라. 자로서 세계만방에 고하야 인류평등의 대의를 극명하며, 자로서 자손만대에 고(誥)[1]하야 민족자존의 정권임을 영유케하노라. 기미독립선언문 첫 문장을 인용했어요. 고(誥)자 때문이죠. 나이 많은 대 선배들이 인용했으면 어울릴 수도 있는 글자인데, 죄송하게 생각해요. 아직 난 여러분에게 고할 자격은 없는 경험이 일천한 사람일 뿐 이예요. 그러나 선배 교수님의 추천으로 경험은 짧지만 글을 쓰게 되었어요. 무슨 말을 해야 하나 고민을 하다 이 고자가 생각나서 몇 자 적어 보았어요. 고는 깨우칠 고인데요. 깨우치려고 하는 것은 아니고 사회에 진출해 일을 하다 보니 미처 대학생활 때 생각 못 했던 점들이 있어서 여러분에게 몇 글자 보내려고 해요.
　여러분은 대학에 왜 다니려고 하는 가요? 혹시 이런 생각 안 해 보았나요? 대학이 왜 필요하냐고, 공무원 시험을 대비한다면 학원에서 1년, 2년이면 도사가 될 법도 한데요. 요즘 입시학원이 공교육기관보다 더 잘 가르친다고 난리 아닌가요?
　난 공부만 하려고 대학이 존재한다면 필요 없다고 생각하는 사람이 예요.

그런데 그 수많은 역사 동안에 없어지지 않고 존재한 것으로 보면 분명 다른 이유가 있을 것 같아요.

나는 대학생활이 다양한 경험과 기성문화에 대한 준비를 할 수 있다는 점에서 최고의 복 받은 생활이라고 생각하거든요. 대학문화는 기성문화와 달라야 해요. 대학생만의 고유한 문화가 있기 때문 이예요. 대학생은 독특한 우리만의 문화를 창출해야 해요. 그러므로 대학문화를 경험한 사람과 하지 않은 사람이 같지 않다는 것은 역사가 증명해 주고 있어요. 4년 동안 생활전선에 뛰어들지 않고 대학문화를 향유할 수 있다는 것은 정말 매력 아닌가요?

대학생활에 가치가 있다고 생각되는 일에 참여하기 바란답니다. 과 행사도 좋고 학교 행사도 좋고 교외 행사도 좋아요. 공동체의식이 있어야 해요. 공동체의식이 결여된 집단에서 살면서 어떻게 자아를 실현하고 문화를 향유할 수 있나요?. 혼자 사는 것이 아니지요. 삶을 살아가면서 내가 가장 강조하고 싶은 말이 바로 공동체의식의 함양이랍니다.

그리고 자기 자신에 대해 자부심을 가져야 해요. 자기의 고향, 자기의 학교, 자기의 학과 등에 대해서 자긍심을 가지기 바래요. 그렇지 않고서야 어떻게 자기를 사랑하고 남을 사랑할 수 있을까요.

이제 미시적으로 우리의 생활을 살펴보아요. 많은 선배들이 4년 동안 교수를 속여 보려고 애를 쓰기도 하지요. 인터넷 속에 있는 글을 슬쩍 짜깁기 해서 리포트를 작성하면 교수가 모르겠지. 내가 커닝해도 교수는 모르고 점수를 잘 주겠지. 이런 식 말이 예요. 내가 교수님들 연세만큼 살아보지 못해서 잘은 모르겠지만, 세상도 훨씬 많이 살아오셨고 전공에 대가들이랍니다. 백날 속이려고 해도 속지도 않아요. 또한, 교수를 여러분 판단으로 선택해서 전공과목을 선택하는 우를 범하지 말아요. 자신을 위해서 교수님들을 속이려하지 말아요. 여러분이 이 속이려는 마음을 갖지 않으면 여러분은 무조건 성공한답니다.

역시 학생의 기본은 공부랍니다. 사회에 나가면 기본에 충실한 사람과 술 마시며 놀고, 이성에 정신 팔려 논 사람과 차이가 갑자기 벌어져요. 대학은 열 가지를 동시에 할 수 있는 유일한 기회이랍니다. 어느 하나에 치중하지 말고, 현재보다 십분의 일만 공부에 더 투자해 봐요. 분명 세상은 여러분의 것이 예요. 십분의 일만 투자하시면 남보다는 10배 앞서가요.

  여러분! 대학생활 때 공부에 대한 투자는 모든 투자보다 낫답니다.

넘어가는 책장하나 쌓이는 평생지식

그리운 아버지

　서 밖 골짜기에서 불어오는 휑한 바람이 해오리를 불러 뒷산 굴뚝에 연기 사라지듯 봉바우산으로 넘어간다. 그렇지 않아도 음습한 기운이 감도는 집주변에 바람까지 불어 둘러싼 대나무의 소리가 곡소리처럼 들려 마음까지 스산스럽다. 집 주인은 어디를 가서 마당에 뒹구는 나뭇잎과 엉성이 자란 풀들을 내 팽개치고 돌아오지 않는 것인가 오지 못하는 것인가. 나락 백가마니를 쌓아 올렸던 넓은 토방은 낡은 소쿠리와 물통만 나뒹굴고 허청에 경운기와 건조기는 그 거만한 울음소리를 잊은지 오래인 듯 사람의 인기척도 듣지 못하고 조용하다.
　마구 청의 소는 어디로 갔는지 그곳이 무엇을 키웠는지 흔적조차 없이 덕지덕지 붙은 똥덩어리 조차 흙이 되어 들고양이들의 안식처가 되어 있다. 아래 허청의 두엄은 쌓여 있는데 밭에 나갈 엄두를 못 내고 썩고 썩어 고운 영양분을 모으고 또 모으고 새로운 생명을 키울 준비를 한다. 그러나 너희가 키울 씨앗이 집에 남아 있을까. 마당을 한발 한발 내딛어 사람의 기운을 옮기려는데 왜 이리 가슴이 막막하고 숨쉬기 힘이 드는지 마당 한가운데 주저앉아 대나무 소리에 내 목소리도 내어 주었다.

부산스럽게 움직이던 마을 사람들의 발소리, 끝임 없이 주고받던 말소리, 명절이면 보름은 손님을 받던 기와집, 곡식이 차고 넘쳤던 창고와 많은 허청, 소, 돼지, 닭, 오리, 개, 고양이, 염소 들이 울었던 집, 마을에 큰 어른으로 주변의 대소사를 관장하던 집주인은 이들의 목소리도 울음소리도 넓은 집도 다시 보지 못 하는가

바람도 끈적끈적 사람 몸에 달라붙는 남도의 여름, 벽에 에어컨은 장식이 된지 오래.. 저녁 무렵 하루에 일과 처럼 어머니에게 전화를 한다. "아부지가 머리가 많이 어지럽다고 그런다. 맨날 아프다고 그런지 못살것다." 푸념 섞이 어머니와 전화 통화, 아무런 감흥도 없이 여름이라 그러제 젊은 사람도 힘든디 아부지는 다리도 불편한디 더 하제라며 무심히 던지고 책임을 다한 냥 마음 편이 잠에 든다.

다음날 119에 의지해 시골병원으로 다시 일산 병원으로 아픈 머리를 부여잡고 들숨과 날숨을 뱉어 내며 힘들어 하시는 아버지는 다시 본인의 걸음으로 시골로 내려 갈 수 있을 거란 희망을 가지고 계셨다. 2주의 병원 검사는 힘들고 고통의 연속이였다. 모두에게...

단순 폐렴의 진단에서 하루하루 지나면서 병명은 폐암 말기에 가장 마지막 단계란 소리에 가족 모두는 울지도 웃지도 못했다.

다분히 산소 호흡기와 진통제를 맞아야 한다는 전제하에.. 치료 방법이 없다는 의사의 단호한 병명을 들은 아버지는 하루 이틀 적응을 하시나 했는데 아니었다. 자식들이 살려주기를 기다리고 있으셨다. 본인이 잘 키웠다고 생각하는 자식들은 하찮은 의사의 말 보다 더 좋은 방안을 논의 할 거라고 생각하고 계셨다. 그러나 우린 아무것도 할 수 없었다. 아버지의 생각처럼 똑똑하지도 능력이 월등하지도 않은 평평한 사람일 뿐.

이제는 세상을 마무리해야 한다. 이제 죽음이 눈앞에 있다는 말을 자식들은 할 수 없다. 아버지는 이제 얼마 살지 못할 거라고.. 그렇다고 무지한 자

식들은 아버지를 달랠 방법도 알지 못한다. 가슴을 지어 짜고, 원망스러운 눈으로 병원 천장을 바라보고 계신 아버지, 자식들은 매일 들여다보고, 가슴으로 눈으로 몸으로 울었다. 각자의 슬픔의 몫을 다해야 하는 것처럼 숨죽여 울었다.

누구보다 더 현명하고 웅대했던 아버지는 흰 머리에 팔 다리는 말라 가고 목소리는 쉬어가고 있다. 매일 움직이지 못하는 몸을 지니고 죽음의 공포와 맞서야하는 아버지, 하루하루 눈물이 그를 살아있음을 알게 해주는 징표다. 언젠가는 아픔에 목소리도 슬픔인지 고통인지 모를 눈물도 서서히 말라 가겠지.

다사롭게 아버지 손을 잡고 옛 기억속의 아버지와 보냈던 나날들을 왜 미리 두런두런 이야기 하지 않았을까... 초등학교 입학식 날 아버지 손잡고 가던 길에 산토끼를 만나 우왕좌왕 했던 이야기, 깊은 산속에서 땔감 나무하러 갔다 산과 들의 옛이야기를 재미나게 들려주던 아버지, 아버지가 만들어 주신 연은 단연 우리 마을에서 가장 높이 올라 잘 날았고, 물고기 잡이, 논에 약치러 나온 날은 항상 큼지막한 수박을 사주시고,....

크고 나서 아버지랑 따뜻하게 말나누어 본적이 별로 없다. 이제 손은 말라 가죽만 남아 내가 손을 잡아도 온기가 별로 없다.

오랜 기억의 숲속에 아버지를 그리고 아버지의 손때가 묻은 옛집에서 아버지의 채취를 맡는다. 더 이상 온기는 없지만 아버지와의 따뜻했던 추억의 온기는 온 집안에 온 동내에 아버지를 불러온다. 사랑하고 존경했다고 앞으로도 아버지가 늘 그리울 거라고 먼 곳에서 외롭지 않게 아버지를 만나러 자주 오겠다고 약속합니다.

독서논술

독서는 책을 읽는 것이다. 읽으면 행복하다. 논술은 어떤 주제에 대해 논리적으로 서술하는 것을 말한다. 책을 읽고 자기의 생각을 논리적으로 서술한 글을 흔히 독서논술이라고 한다.

독후감은 책을 읽고 난 후의 감상이나 느낌을 쓴 글이다. 어떻게 보면 독서논술이란 독서감상문 같으면서도 좀 더 논리적으로 쓴 글이라 할 수 있다. 선배 전문가들의 독서논술에 대하여 주장한 내용을 종합하여 정리하면 다음과 같다.

독서논술을 쓸 때는 먼저 책을 읽고 주장할 것이 무엇인지 생각해 본다. 그리고 자신의 주장에 대한 근거를 생각해 본다. 또 내 의견과 다른 사람의 의견도 생각해 본다. 특히 자신의 주장은 확실하게 쓴다.

그리고 책에서 읽은 내용에 대하여 논할 점을 생각한다. 그 다음에 논점에 대한 자신의 입장을 밝힌다. 그리고 생각한 근거를 제시하고, 글을 정리하고 요약하면 된다. 독서논술은 읽은 책의 내용에 대하여 자신의 말을 하는 것이다.

일반적으로 글의 서술 방식은 글을 쓰는 의도와 목표에 따라 크게 설명,

논증, 묘사, 서사로 나눌 수 있다.

설명은 읽는 이를 이해시킬 목적으로 대상의 의미나 원인, 목적 등을 알기 쉽게 풀이하는 서술 방식이다. 설명의 방법으로는 정의와 지정, 비교와 대조, 분류와 구분, 분석, 예시 등이 있다.

논증은 아직 명백하지 않은 사실이나 문제에 대해 그 옳고 그름을 여러 논거들과 추리를 통해 증명함으로써, 읽는 이가 증명한 내용에 동의하거나 확신하게 하고 나아가 행동하게까지 하는 목적을 지닌 서술 방식이다. 논증의 방법으로는 귀납 논증과 연역 논증을 들 수 있다.

묘사는 글쓴이가 대상으로부터 받은 인상을 읽는 이에게 동일하게 받게 하거나, 상상적으로 똑같이 체험하게 하려는 목적으로 대상을 그려내는 서술 방식이다. 묘사의 방법은 주관적 묘사와 객관적 묘사가 있다.

서사는 무슨 일이 일어났으며, 왜 발생했고, 그것이 어떻게 전개되고 있는가 하는, 사태의 구체적 전개 과정을 기록하는 서술 방식이다. 서사의 방법으로는 설명적 서사, 문학적 서사가 있다.

논술의 서술 방식과 성격은 무엇인가?

논술은 논리적으로 서술한다는 말이다. 논술한다는 것은 설명하고 논증한다는 것을 뜻한다. 자기주장을 증명하려는 글이 논술이다. 논술은 글의 종류로는 논증문에 해당된다. 논증문 중에서도 논설문의 한 갈래이다. 글의 서술 방식으로 볼 때, 논술은 설명과 논증이 결합되어 있다. 논술은 주로 사실을 있는 그대로 기술하고, 사실들의 의미나 원인을 설명하고, 자기주장을 논리적으로 증명하는 글이기 때문이다.

논술이 논증하는 글이라고 해서 처음부터 끝까지 논증만 하는 것은 아니다. 논증의 설득력을 높이기 위해서 자기주장에 관련되는 사실들을 있는 그대로 기술하기도 하고, 사물이나 현상의 의미나 원인을 알기 쉽게 설명하기도 하고, 때로는 더 큰 논증을 위해 작은 논증을 하기도 한다.

요컨대 잘 된 논술문은 기술, 설명, 논증을 필요한 대목에서 알맞게 구사하여 작성한 글이다.

  책을 읽고 생각하고 말하고 토론하고 그 결과를 글로 써보자.

  그래야 좋은 독서논술을 쓸 수 있다.

독서, 내 꿈의 두드림, 내 미래의 경쟁력

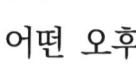

어떤 오후

얼마 전 총장배 교수테니스 대회가 학교에서 열렸다. 이 기회에 건강도 챙기고 동료 교수들과 친목도 다질 겸, 자동차에 준비물을 싣고 코트로 향했다. 마침 선배 교수가 차에서 테니스 가방을 내려놓고 있었다. 악수를 하고 나도 트렁크에서 라켓이 든 가방을 꺼냈다. 그런데 잠깐 사이에 선배 교수가 시야에서 사라졌다. 가방은 차바퀴 옆에 세워둔 채.... 다시 돌아온 그와 함께 코트로 내려갔다. 참가 선수가 많지 않아 상품(쌀 10kg)을 받을 가능성이 지난 대회처럼 높았다. 참가 교수들은 서로 자신이 쌀을 받아야 한다며 농을 주고받았다. 분위기 좋다.

첫 게임은 운 좋게 젊고 실력이 출중한 교수와 짝을 이뤄 승리하였다. 이긴 후의 하늘은 맑고 파랬고 바람이 시원하였다. 잠깐 쉬는 동안에 테니스 가방을 열고 지갑, 핸드폰, 자동차 열쇠를 넣은 진회색 파우치를 찾았다. 어? 파우치가 보이지 않네? 봉지라면만큼 큰데, 그럴 리가? 다시 가방에 달린 주머니들을 열어보았다. 그래도 파우치는 잡히지 않았다. 큰일 났다! 없다! 하늘이 흐려지고 서늘한 바람이 등골을 타고 내려간다.

경기는 파트너를 바꿔가면서 하는 리그 방식이었다. 두 번째 게임을 위해 선수들은 코트로 나오라고 총무를 맡은 교수가 말한다. 하지만 내겐 더 이상 들리지 않는다. 해는 뒷산을 넘어가며 마지막 빛을 눕히고 있었다. 새로운 짝이 다가와 코트로 나가자고 한다. 마음이 편치 않다. 이번 게임을 마치면 어두워질 테고 내 마음은 더 불편해질 것 같다. 그래서 짝에게 파우치를 찾아야 한다고 말했다. 짝은 교수들에게 내가 파우치를 찾고 있다고 알렸다. 모두들 파우치를 찾아 가방들을 뒤지고, 라커룸을 수색하기 시작하였다. 고마운 사람들.

그 중 한 교수가 내게 말했다. 혹시 차 안에 파우치를 둔 것이 아니냐고... 또 한 교수가 꼬리를 물고 질문을 한다. 몇 년도에 구입한 차냐고... 주차되어 있는 차를 향해 가며 나는 연식이 9년을 지나 10년째 접어들었다고 말했다. 차문은 잠겨있었다. 교수들의 주고받는 이야기들이 내 귀에 메아리처럼 겹쳐 들린다 :

"2009년식 소렌토라면 원격키(key)로 열리고 잠기는데, 키가 차안에 있다면 잠기지 않아야 하는 거 아냐?"

"그런데, 그때라면 그런 기술이 존재하지 않아서 잠길 수도 있지 않을까?"

"차 안을 들여다보자, 파우치가 보일 거야."

"벗어놓은 양복이 조수석에 있는데, 파우치가 그 속에 있는 것 같아."

"전화해보자, 소리가 날거야."

"강의 중에 진동으로 해놔서, 소리가 안 날거예요"라고 힘없이 대답하면서, 나는 아까 선배교수의 테니스 가방을 지키던 중에 주의를 기울이지 않고 문을 잠그고 파우치를 내차의 보닛 위에 둔 것 같다고 말하였다. 그 후를 차분하게 생각해보자. 나는 스스로에게 말하면서 생각에 잠겼다. 해가 지고 코트엔 라이트가 켜졌다.

테니스 코트는 캠퍼스의 끝 외진 곳에 있었는데, 도대체 보닛 위에 놓아

둔 파우치는 어떻게 된 걸까? 둘러보니 몇 대의 버스들이 보였다. 그렇지! 이곳은 몇 개 노선버스의 종점이지. 왜 그 생각을 못했을까? 내가 코트에 내려가서 게임에 몰두하고 있던 중에, 어느 버스 기사가 습득하여 사무실에 분실물 처리를 했을 거야. 이런 확신을 교수들에게 말하고 버스회사 사무실을 찾았다. 없단다.

코트에서의 테니스 게임은 계속 진행되고 있었지만, 동료 교수들의 관심은 내가 분실한 파우치에 있었다. 오가는 대화 끝에 교수들은 결론을 냈다. 테니스 가방에 없다면 파우치는 분명 내차에 있을 것이다. 나는 김 교수의 핸드폰을 빌려 보험회사에 잠긴 차문을 여는 긴급서비스를 요청하였다. 카센터 차가 와서 내차의 잠긴 문을 순식간에 열었다. 잠깐 한 눈을 파는 사이 서비스 차는 출발하였고, 차키가 없으면 열린 문을 다시 잠글 수 없을 거라는(2009년 식이라서) 불안감이 머리를 채웠다. 기대 반 걱정 반으로 조수석의 양복을 젖혀보니, 파우치가 있다. 애고~ 살았다. 나와 교수들은 잠깐, 아주 잠깐 안도하였다. 파우치 안에는 지갑과 핸드폰만 있었다. 그럼, 차 열쇠는?

나는 몸을 돌려 코트로 달려 내려왔다. 그리곤 다시 테니스 가방을 찬찬히 뒤졌다. 그리고 운동복에 싸여 있는 차키의 촉감이 느껴졌다. 파우치 속에서 키를 꺼내고, 차문을 원격으로 잠근 후 코트로 내려갔던 것이다. 조용했지만 심각했던 소란이 끝났다. 동료 교수들에게 미안하기도 하고, 무안하기도 했다.

나의 건망증상은 종종 나 자신과 주위 사람들을 당황스럽게 한다. 학기에 한 번 정도는 엉뚱한 강의노트를 가지고 강의실에 들어간다. 새 학기가 되었음에도 머릿속에는 지난 학기의 강의시간표가 기억되어 있기 때문이다. 이럴 경우에 나는 노트 없이 즉석 강의를 시도하곤 한다. 머릿속 클라우드

공간에서 지난 해 또는 지난 학기의 강의내용을 찾아 거침없이 풀어가는 스스로를 보면서, 잃어버리고 허둥대는 평소의 나와 다른 또 다른 나를 발견한다.

6년 전 한 신문에서 서울 지하철 유실물에 관한 기사를 실었다. 2012년에 10만 건을 넘었는데, 해마다 증가하는 추세란다. 전체 사례 중 가방(22.7%)과 휴대용 전자제품(22.1%)이 가장 빈번하다고 한다. 한 도시에 나 같은 많은 사람들이 있다니, 슬프면서도 위안이 된다. 그런데 더 강력하게 나는 위로해주는 기사가 드디어 금년에 발견되었다. 건망증은 신경세포가 손실되어 나타나는 치매와는 무관한 독립적인 증상이란다. 더 중요한 결정을 위해서 중요하지 않은 것들을 망각하는 것이라고 한다. 고마운 기자님이다. 가족과 동료교수들에게 열심히 홍보를 할 생각이다. 그런데... 무엇이 더 중요하지? 테니스 게임? 자동차 열쇠?

책으로 이끌림, 미래로의 두드림

어떤 하루

    1991년 4월, 나는 아내와 어린 딸을 두고 혼자 유학길에 올랐다. 나이 서른에 부모님을 설득하여 받아낸 유학 허락은 서양사를 공부하는 내겐 마지막 좋은 기회였다. 서울을 출발하여 중간 기착지인 앵커리지를 거쳐 파리의 샤를르 드 골 공항까지 20시간이 넘게 걸렸다. 그리고 사흘 만에 릴(Lille)에 작은 원룸을 구하였다. 방이 작아 책상 아래로 다리를 뻗어야 잘 수 있고 욕실과 화장실이 공용이었지만, 서툰 말에 손짓발짓을 하며 프랑스인으로부터 구한 기적 같은 성과였다. 이렇게 하여 샤를르 드 골 대학교(Université de Charles De Gaulle)의 캠퍼스가 시야에 들어오는 곳에 나는 안착하였다.

    유학원을 통하지 않고 혼자 준비했기 때문에, 도착 초기엔 10여명의 유학선배로부터 귀동냥으로 얻은 정보가 생존(?)에 많은 도움이 되었다. 2-3개월 지났을까? 출처를 알 수 없는 풍문에 귀가 쏠렸다. 프랑스 남쪽 지방에서 한인 유학생이 공원 산책 중에 개에게 물려 치료비와 300여 만 원의 위로금을 받았다는 것이었다. 1 개월 생활비가 수십 만 원이었으니 (파리와 달리 릴은 월세의 90%를 되돌려주는 복지제도가 있어, 주거를 위한 지출이 매우 적었다), 300만 원이면 큰돈이었다. 돈에 눈이 먼 나는 엉뚱한 아이디어에 스스로 감탄하였다. 아이디어란, 종아리에 소시지를 문질러 냄새를 묻힌 다음 긴 바지를 입고 공원에 나가 개에게 물리는 것이었다. 그러나 그것은 하루 만에 실패로 끝났다. 대학 캠퍼스 잔디밭엔 학생과 개를 산책시키는 연세 드신 주민들이 많았다. 내 예상과 같이 지나던 개들은 모두 내 다리를 향해 다가왔다. 그렇지만 그들은 종아리에 코를 킁킁거리며 냄새만 맡을 뿐이지, 물지는 않았다. 머리를 돌려 갑자기 내게 오는 개를 꾸짖으며, 노인들은 개 줄을 잡아당기곤 하였다. 그런데 다가오기는 할 뿐 물지 않는 개들은 나에게 300만 원이 아닌 공포심만 주었다. 집으로 오는 길에 불쑥불쑥 달려드는(?) 개들 때문에 두려움이 더욱 증폭되었다.

유학 3-4개월 차, 방학이 얼마 남지 않은 여름으로 기억된다. 나는 7시면 집을 나서 누구보다 먼저 대학 캠퍼스에 들어서는 생활에 익숙해져 있었다. 그날도 동그란 원모양의 아스팔트 환상도로를 건너 시야가 트인 잔디밭에 들어서는데, 건너편 끝에서 움직이는 작은 점이 보였다. 키 작은 개였는데, 짖으며 내 쪽으로 달려오고 있었다. 생각은 짧고 행동은 빨랐다. 개와 나 사이에 있는 몇 그루의 나무가 유일한 피난처라고 직감하자, 나는 개를 향해 그리고 개는 나를 향해 달렸다. 간발의 차이로 나는 개보다 먼저 나뭇가지에 매달릴 수 있었다. 조금 후 개 목줄을 들고 키 작은 한 남자가 다가왔다. 그는 개에 목줄을 매면서 차분한 목소리로 내게 "괜찮아?(Ça va?)"라고 물었다. 난 등에 가방을 맨 채 나무에 매달려, 지친 목소리로 "괜찮아(Ça va)"했다. 개는 키가 작고 주름이 쭈글쭈글 못생긴 프렌치 불독이었다.

그 프렌치 불독은 방학이 지난 늦가을 이른 아침에 불쑥 나타났다. 짙은 안개로 몇 걸음 앞만 보이는 날이었다. 노래를 흥얼거리며 환상도로에 접어들었을 때에, 녀석이 안개 속에서 갑자기 나타났다. 난 공포심에 감전되었다. "어떡하지? 주인 놈은 어디에 있는 거야? 그래 모른 척하고 가던 길을 태연하게 가자. 그러면 이 녀석도 가던 길을 갈 거야." 그러나 불독은 내가 가려는 길을 기어이 막았다. 내 주위를 빠르게 돌며 냄새를 맡더니, 짧은 뒷다리를 들고 따끈따끈한 오줌을 싸기 시작했다. 하얀 운동화 안으로 온기가 가득 퍼졌다. 키 작고 귀 주변에만 숱이 있는 대머리 주인은 끝내 나타나지 않았다. 개는 안개 속으로 사라졌고, 나는 다시 집으로 돌아가 가죽 캐주얼 구두로 갈아 신어야 했다.

그 개와의 세 번째 만남은 어느 일요일 아침이었다. 난 전날 어머님께서 보내주신 국산 고급 운동화를 받고는 캠퍼스의 환상도로를 마음껏 달리고 싶어졌다. 늦잠을 자는 프랑스인의 습관(grasse matinée) 때문인지 사람은 전혀 없었다. 몸을 충분히 풀고 가볍게 출발하였다. 맑고 상쾌한 공기에 조용한 전원도로... 더없이 기분이 좋았다. 그런데 50미터도 가기 전에 뒤쪽 멀리서 개 짖는 소리가 났다. 소리 나는 쪽을 보고 나는 내 눈을 의심하였다. 그 녀석 프렌치 불독이었다. 내 생애 가장 빨랐지만, 이유도 목적도 방향도 없는 질주가 시작되었다. 환상도로를 달리고는 있었지만 더 이상 상쾌하거나 기분이 좋지 않았다. 아스팔트를 긁는 녀석의 발톱소리가 점점 더 가까이 들리며 절망도 커져갔다. "그래~ 질긴 짜식아, 물어라 물어~" 극도의 긴장 속에서 녀석을 기다리는 나는 되지도 않는 말을 하고 있었다. 어? 그런데? 녀석이 나를 지나쳐 가버린다? 이게 아닌데? 하면서도 하여튼 좋았다. 물리지 않았다는 안도감에 그리고 전력질주에 나는 주저앉았다. 녀석은 어떻게 된 걸까? 숨을 몰아쉬면서도 나는 녀석을 계속 바라보았다. 프렌치 불독이 멈춘 곳에는 개가 한 마리 있었다. 가장 짧은 거리를 가장 빠르게 달린 어느 하루였다.

독서백편의자현(讀書百遍義自見)

뜻이 어려운 글도 자꾸 되풀이하여 읽으면
그 뜻을 스스로 깨우쳐 알게 된다는 말이다

 저자 약력

강경호(姜慶鎬): 전 서울교육대학교 국어교육과 교수, 명예교수(현), 교육대학원장,
　　　　　　 도서관장, 학보사 주간
김성렬(金聖烈): 전 대진대학교 문예창작학과 교수, 명예교수(현), 중앙도서관장,
　　　　　　 평생교육원장, 소설가, 문학평론가
김영균(金泳均): 전 대진대학교 공공인재법학과 교수, 명예교수(현), 법무행정대학원장,
　　　　　　 왕방고시원장, 공정거래위원장 표창, 교육부총리 표창
노동조(盧東助): 현 상명대학교 문헌정보학과 교수, 중앙도서관장(전),
　　　　　　 교육방송·영자신문 주간(전), 한국비블리아학회장(전)
방인태(方仁泰): 전 서울교육대학교 국어교육과 교수, 수필가(필명 방민), 독립출판사 운영,
　　　　　　 제1회 청마문학 연구상 수상, 동양문학 평론 신인상 수상
신헌재(愼憲縡): 전 한국교원대학교 초등교육과 교수, 명예교수(현), 제1대학 학장,
　　　　　　 국정도서 국어편찬위원회 위원장, 교육부총리 표창.
유양근(兪亮根): 전 강남대학교 문헌정보학과 교수, 명예교수(현), 교학부총장, 대학원장,
　　　　　　 도서관장, 교무처장, 학생처장, 대통령소속 도서관정보정책위원회 위원
윤인현(尹仁鉉): 현 대진대학교 문헌정보학과 교수
이덕봉(李德奉): 전 동덕여자대학교 일본어학과 교수, 명예교수(현), 대학원장,
　　　　　　 한국일본학회장, 한국교육문화융복합학회장, 컬럼니스트(리산),
　　　　　　 일본국제교류기금상, 서송학술상
이만수(李萬洙): 전 대진대학교 문헌정보학과 교수, 명예교수(현), 대학원장, 인문과학대학장,
　　　　　　 중앙도서관장, 총장비서실장, 사회적협동조합도서관학교 이사장(현),
　　　　　　 경기도지사 표창, 포천시민대상
이병찬(李秉讚): 전 대진대학교 한국어문학과 교수, 명예교수(현), 인문학연구소장,
　　　　　　 도남국문학상, 포천시민대상
이지나(李知娜): 현 서경대학교 국제비지니스어학부 교수, 크레오스(CREOS)인증센터
　　　　　　 센터장(전)
이지연(李知衍): 현 중원대학교 생체의공학과 교수, 홍보교류실장(현), 사회봉사단장(현),
　　　　　　 인성교육센터장(전)
장인호(張仁虎): 현 대진대학교 문헌정보학과 교수
정동준(鄭東俊): 현 대진대학교 역사문화콘텐츠학과 교수, 교무처장(전), 기획처장(전),
　　　　　　 총장비서실장(전), 우수교육상